맛있는 외식경영
레벨 UP

안녕하세요. 한국외식업중앙회장 전강식입니다.

이승환 한국외식업중앙회 정책자문단장님의 《맛있는 외식경영 레벨 UP》 출간을 진심으로 축하드립니다.

이 책에는 이승환 정책자문단장님의 외식업주를 향한 애정과 열정이 담겨 있으며, 외식업 자영업자들에게 '나도 성공할 수 있다'는 희망이 있습니다.

외식업은 도전과 경쟁이 끊이지 않는 업종입니다. 어떤 날은 성공을 거두고, 어떤 날은 어려움에 부딪히기도 합니다. 우리 외식업주들이 이 책을 통해 어려움을 물리치고 큰 성공을 이루시기 바랍니다.

다시 한번 이승환 정책자문단장님의 《맛있는 외식경영 레벨 UP》 출간을 축하드리며, 이승환 정책자문단장님께 여러분의 많은 격려와 응원을 부탁합니다.

(사)한국외식업중앙회 회장 전강식

한국외식업중앙회 이승환 정책자문단장님의 《맛있는 외식경영 레벨 UP》 출간을 진심으로 축하드립니다.

이 책에는 우리 외식업 자영업자들의 성공을 기원하는 이승환 정책자문단장님의 애정 어린 노력이 녹아있으며, 외식업 현장에서 벌어지고 있는 다양한 문제들을 해결할 수 있는 답을 제공하고 있습니다. 늘 우리 외식업주들의 입장에 서서 훌륭한 해결책을 펼쳐주시기를 바라며 앞날에 큰 발전과 영광이 있기를 기원합니다.

(사)한국외식업중앙회 경북지회장 김원길

이승환 한국외식업중앙회 정책자문단장님의 《맛있는 외식경영 레벨 UP》 책이 많은 외식업 사장님들에게 큰 희망을 줄 것으로 기대가 됩니다. 외식업주들을 위해 밤낮으로 수고하시는 이승환 정책자문단장님을 응원합니다.

(사)한국외식업중앙회 충북지회장 김진홍

'외식업의 실태 및 해결 방안', '외식업 최악의 위기사태' 등 그동안 수많은 강의를 통해 외식업의 현실적인 문제와 이를 해결할 방안을 국회와 정부에 제시했던 이승환 정책자문단장님의 의지와 열정이 책으로 엮여 나왔습니다.

《맛있는 외식경영 레벨 UP》 출간을 진심으로 축하드리며, 이 책이 우리 외식업 자영업자들의 성공 가도에 든든한 힘이 되기를 기원합니다. 감사합니다.

(사)한국외식업중앙회 중앙교육원장 서희석

국내외 불확실한 경제 상황 속에서 외식업 경영에 실질적인 노하우를 알려주는 이승환 정책자문단장님의 책 《맛있는 외식경영 레벨 UP》이 출간되어 정말 기쁩니다. 이 책은 외식업 사장님들을 성공으로 이끄는 밑거름이 될 것이라 믿습니다.

(사)한국외식업중앙회 강북지회장 김철진

프롤로그

한국외식업중앙회 정책자문단장으로 외식업과 인연을 맺으면서 외식업자와 소상공인의 어려움을 접하게 되었다. 민생경제의 핵심축인 자영업자와 소상공인의 고충을 이해하고 그 어려움을 해결하고자 노력하고 있다. 한국외식업중앙회는 3백만 외식업 종사자들의 권익을 보호하고 그들을 대변하는 국내 최대 민간 직능단체로, 1955년에 창립하여 68년이라는 적지 않은 세월을 외식업 종사자들과 함께한 일반음식점 사업주들의 동업자 조합이다. 한국외식업중앙회는 외식업이 안고 있는 각종 규제 위주의 법령 개정 및 제정을 통해 외식업 종사자들의 권익을 보호하고 업권을 지키며 국민보건 향상을 그 목적으로 하고 있다.

나는 한국외식업중앙회를 이끄는 전강식 회장과 오랜 인연을 맺고 있다. 전강식 회장은 일찍부터 외식업계에 투신한 전문 일식 셰프다. 전 회장은 평소 "넓은 주차장과 음식점 건물만 있으면 그곳이 산꼭대기라도 성공시킬 자신이 있다"라고 말할 정도의 외식업 전문가다.

그는 다수의 외식업소를 성공으로 이끈 외식업계의 달인이라 할 수 있다. 그중 두 곳은 수도권에서 이름만 대면 누구나 알 수 있는 유명 음식점이다.

전강식 회장은 외식업의 문제가 무엇이고 그 문제를 어떻게 풀어야 할지 누구보다 잘 알고 있다. 전 회장은 이를 실천하기 위해 외식업소 특히 소상공인 외식업주들의 손과 발이 되어 동분서주하고 있다. 물심양면으로 그들을 도와 외식업주의 입에서 한숨이 사라지는 그날까지 최선을 다하겠다고 다짐한다.

어느 사업자는 외식 창업을 후회하고 또 어떤 사업자는 정말 잘했다며 흐뭇해한다. 외식업은 도전과 경쟁이 끊임없이 이어지는 업종이다. 준비를 철저히 해도 쉽지 않은 게 외식업이다. 하지만 자신의 적성과 특기를 살려 부단히 노력하면 얼마든지 좋은 결실을 맺을 수 있는 업종 또한 외식업이다.

프롤로그

『맛있는 외식경영 레벨 UP』은 외식업으로 성공을 간절히 원하는 사업주와 종업원들을 위한 외식업경영안내서이다. 외식업의 성공을 위해서는 고객의 욕구(want)와 필요(need)가 무엇인지 잘 알아야 한다. 그러기 위해서는 최신 트렌드를 파악하고 그에 맞는 전략을 구사해야 한다. 이 책은 고객의 욕구와 필요에 응답하며 차별적 우위를 점하기 위한 전략서이자 학습서이다. 독자는 이 책을 통해 자신의 업소를 효과적이고 효율적으로 경영할 수 있는 능력을 갖추게 될 것이다.

책의 1장은 외식 트렌드의 변화를 읽고 이해하는 것에서 출발해 고객은 무엇을 원하고 있는지 알아보고, 사업소의 현주소를 정확히 분석할 수 있는 경영진단 방법을 소개한다. 2장은 현업에서 발생하는 문제를 어떻게 풀어나가는지 사례를 들어 상세하게 설명한다. 3장은 외식업소의 연간목표 설정 방법과 목표관리 및 목표달성을 위한 차별화 방법을 소개한다. 4장은 외식업소 경영에 꼭 필요한 각종 매뉴얼을 사례별 체크항목으로 설명한다. 5장에서는 외식업 사장이 꼭 알아야 할 세금, 회계 및 노무에 관해 정리했다.

함께 여정을 떠나는 지금, 성공을 향한 여러분의 열정과 노력을 응원하며 이 책이 여러분의 외식사업을 성공으로 이끄는 초석이 되길 기원한다. 자료를 정리하는 데 도움을 준 한국외식업중앙회 서정 부장과 도서출판 지식공감에도 감사를 전한다.

차례

Orientation

외식산업의 소비 트렌드

외식업의 소비 트렌드는 외식업의 변화와 방향 및 시장수요를 예측하는 데 많은 도움을 준다. 코로나19의 격리와 마스크 착용 의무가 해제되면서 움츠렸던 외식 수요가 살아나는 듯했지만, 인플레와 실질소득 감소로 인해 팬데믹 이전으로 돌아가기에는 아직 이른 감이 있다. 또 고도 성장기에 10인 1색이었던 소비성향이 저성장기에 접어들며 10인 10색의 소비 트렌드를 보이면서 외식업주들에게 복병으로 다가오고 있다.

▌외식업 4세대, 어디로 가야 하나?

주로 동네 어귀에서 조그마하게 장사하던 60~70년대의 외식업 1세대는 단순히 먹고살기 위한 생계 수단의 하나였다. 당시는 가게 문만 열어도 먹고는 살았다. 손님들이 푸념이나 화풀이하던 동네식당에는 사람 사는 냄새가 있었다. 또 지금처럼 큰 평수에 화려한 인테리어가 필요치 않아 식당을 차리는 데 큰돈이 들지 않았다.

외식업 1세대의 성공비결은 단연 주인아주머니의 손맛이었다. 주인 손맛에 입담이 곁들여지면 그 이상 바랄 것이 없었다. 화려한 인테리어나 고가의 음식보다 주인장의 손맛과 입담이 고객의 마음을 사로잡는 핵심 키워드였다.

80년대 접어들며 외식업 2세대가 도래했다. 외식업 2세대는, 외식업이 변방에서 벗어나 산업 주체의 하나로 자리를 잡는 시기였다. 외식업 2세대는 내가 차려 운영하는 점포에서 남이 차려주는 가맹점 형태로 과도기적 성격이 강했다. 프랜차이즈 본사와 가맹점의 새로운 투톱 시스템은 독자 운영의 외식업소를 위협했다.

프랜차이즈 시스템은 투자 규모의 확대와 인테리어의 중요성을 강조하면서 많은 자금을 요구했다. 프랜차이즈 본사는 성공 아이템 하나로 빠르게 사세를 확장하였고, 가맹점주들은 큰 노력 없이 쉽게 점포를 열었다. 가맹본부와 가맹점의 프랜차이즈 시스템은 외식업 2세대를 여는 길잡이가 되었다.

1863년 미국 싱거 재봉틀 회사(Singer Sew Machine Co.)가 효시인 프랜차이즈 시스템은, 그보다 백 년이 더 지난 1979년에 롯데리아 소공동 1호점을 개점하면서 우리나라에 그 첫발을 디뎠다. 그 이후 외국 브랜드가 대거 진출하는 90년대의 피자와 한식 프랜차이즈의 확산이 외식업 2세대를 여는 견인차 역할을 했다.

외식업이 생계를 위한 선택에서 돈을 벌기 위한 사업으로 자리를 잡기는 했지만, 지금처럼 철저한 고객 중심의 경영 마인드가 요구되지는 않았다. 외식업 2세대까지만 해도 1등에서 10등까지 순위를 매길 수 있었다. 1, 2등은 돈을 벌 수 있었고 꼴등을 제외하면 나머지는 정도의 차이는 있었지만 먹고는 살았다.

모바일 혁명으로 스마트폰이 나오기 시작한 2007년 이후 외식업뿐 아니라 모든 산업에 마케팅이 급류를 타기 시작했다. 인터넷과 모바일의 급속한 발전은 '입지가 식당 성패의 70%를 좌우한다.'는 기존개념을 파괴하기 시작했다. 또 다른 특징은 외식업 3세대가 시작되면서 화이트칼라 퇴직자들과 청년창업자들이 외식업에 뛰어든 것이다.

외식업 3세대는 '소비 트렌드'가 수요를 이끌었다. 3세대 시장은 고객이 원하는 음식이나 식당을 모바일이나 인터넷이 안내하듯이 음식점에 접근하는 방법이 전과 많이 달랐다. 또 음식의 맛과 서비스를 통해서만 만족하는 것이 아니라 식당의 분위기, 스타일 등 고려요인이 매우 다양해졌다. 입으로 먹는 미각의 시대에서 눈과 귀, 손 등 오감으로 음식을 즐기는 시대로 바뀐 것이다. 음식 자체보다는 고객의 감성이나 스타일이 중요한 이슈가 되었다.

외식업 3세대의 또 다른 특징은 음식과 식당이 국내뿐 아니라 해외에도 영향을 미친다는 점이다. 해외매장에 있는 유동식품까지도 구매할 수 있다. 더욱 흥미로운 것은, 해외의 유명한 식당을 찾아 음식을 먹는 것이 해외여행의 주된 목적이 되기도 한다. 대표적인 예로, 대만의 유명한 음식점인 딘타이펑(鼎泰豐)을 들 수 있다. 딘타이펑의 대표 음식인 샤오롱바오즈(小籠包)의 인기는 가히 세계적이다. 딘타이펑은 1993년에 뉴욕타임즈 선정 세계 10대 음식점에 그 이름이 오를 정도로 유명한 음식점이다. 그곳을 방문한 여행객들은 그 집의 샤오롱바오즈의 맛과 서비스, 매장 분위기 등을 실시간으로 인터넷에 올린다.

이렇듯 소비자 스스로 앞다투어 음식과 서비스를 인터넷이나 모바일 등을 통해 알려준다. 과거에는 유명 요리사가 TV에 나와 음식 만드는 방법을 가르쳐 주었지만, 지금은 음식 만드는 방법이 컴퓨터나 모바일에 있기 때문에 요리 강습 프로가 거의 사라졌다. 3세대 외식업은 2세대와 달리 맛과 가격, 분위기는 기본이고 인터넷이나 모바일 등 각종 미디어를 통해 그 가치를 알렸다. 외식업 3세대는 소비 트렌드를 알고 그것을 서로 퍼뜨리는 시장이다. 고객과의 쌍방향 소통을 통해 고객의 필요와 욕구에 응답하는 것이 외식업 3세대의 특징이다.

외식업 3세대와 맞물려 저성장시대를 맞았다. 고객의 선택에 '복면가왕'의 시대가 도래한 것이다. 계급장을 떼고 브랜드가 아닌 가치로 승부하는 시대가 열렸다. 저성장시대의 소비는 사치가 아닌 가치에 따라 얇아진 소비자의 지갑을 열었다. 외식업 4세대가 도래한 것이다. 4세대의 가장 큰 특징은 팬데믹의 암흑기를 넘어 저성장기 소비자의 '가치 소비'에서 찾아볼 수 있다. 가치는 품질이나 서비스, 고객의 만족도 등에서 월등한 혜택을 말한다. 고객의 필요와 욕구를 넘어 감성과 영혼에 호소할 수 있는 그 무엇을 원한다.

　서울대 김현철 교수는 10인 10색의 소비성향을 다음과 같이 설명하고 있다. "고도 경제성장기에는 소비자들 스스로도 제품에 대한 지식이 부족했다. 이 때문에 판매가격 또한 높아진다. 더구나 소비자들도 경제성장으로 소득이 매년 높아지기 때문에 높은 판매가격을 용인하게 된다. 저성장기가 되면 소비자들은 더 이상 높은 가격을 감내하지 못한다. 저가격 제품을 선호한다. 경우에 따라서는 가격 파괴 제품을 선호하기도 한다. 따라서 할인점이나 아웃렛 몰, 이월 상품, 떨이 상품 등이 각광을 받는다. 하지만 무조건 가격이 저렴한 제품만을 선호하는 것은 아니다. 제품에 대한 구매 경험이 축적되면서 소비자들은 자신에 맞는 제품을 선택해서 즐기게 된다. 마음에 꼭 드는 상품이 있으면 몇 달 치 월급을 모아서라도 비싼 제품을 구매하기도 하고 제품이 마음에 안 들면 아무리 싸더라도 구매하지 않는다. 고도 성장기에는 10인 1색의 소비성향을 보이다가 저성장기에 접어들자 10인 10색의 소비성향을 보이게 된다."

　이렇듯 저성장시대에는 소비자의 제품에 대한 지식이 증가하고 불경기가 지속되며 SNS 세대의 약진으로 소비의 구조조정이 일어난다. 단순히 낮은 가격만을 선호하는 것이 아니라, 프리미엄 김밥집이나 '짜왕', 비비고 왕만두같이 높은 가치를 제공하면 가격이 높아도 구매하는 성향을 보인다. 대기업이 브랜드를 앞세우는 경쟁에서 이제 중소기업이나 자영업자도 도전장을 내밀 수 있는 시대가 도래했다.

또 C&U 편의점 도시락이나 유통업체 상표(PB : private brand)처럼 최고보다 적정의 품질을 찾으며, 빽다방의 커피나 미에로화이바 패밀리처럼 같은 가격과 품질이면 대용량을 찾는다. 또 품질과 디자인이 좋으면 이마트 에브리데이의 노브랜드 슈퍼마켓처럼 브랜드가 없는 노브랜드를 선호하기도 한다.

김난도 교수의 《트렌드 코리아 2022》에서 지목한 소비 트렌드를 보면, 코로나19로 비대면 서비스가 증가하였고 전염성이 강한 질병으로부터 자신을 보호하기 위해 사람에 대한 경계심이 더욱 강화되었음을 알 수 있다. 특히 MZ 세대의 소비성향이 곧 소비 트렌드를 주도하고 있음을 알 수 있다. 그들은 '나다운 소비는 무엇이고, 나는 무엇을 좋아하는가?' 지극히 개인 중심으로 소비하고 있다고 말한다. 또 MZ 세대는 어려서부터 휴대폰으로 쉽게 쇼핑을 하고 재밌는 콘텐츠들을 소비하면서 그들만의 문화를 만들어 가고 있다고 주장한다.

또한 '체리슈머'라는 새로운 소비 타입이 등장을 알리고 있다. 구매는 하지 않고 혜택만 챙기는 '체리피커'와 달리, '체리슈머'는 알뜰하게 소비하는 전략적 소비자로 무지출과 반반, 공동구매 등 합리적으로 소비하는 것이 특징이다. 소수의 지인보다 SNS를 통해 공통 관심사로 모이는 목적지향적 만남이 대세이다. 불황기에는 가성비를 따지는 동시에 대체 불가능한 상품으로 새로운 수요를 만드는 '뉴디맨드 전략'을 예고하고 있다. 또 2010년 이후 태어난 알파 세대가 소비 주체로 부상하고 있다. 최근 소매의 종말이 언급되지만, 매력적인 컨셉과 테마를 갖추고 '비일상성'을 제공하는 공간력은 리테일 최고의 무기가 되고 있다고 주장하고 있다.

이렇듯 저성장기의 4세대 외식업은 새로운 패러다임의 '가치창조'라는 큰 숙제를 안고 태동했다. 그 가치는 '공감'이다. 이렇듯 4세대 외식업의 키워드는 '공감'으로 좁혀지고 있다. 가치창조를 넘어 음식을 공감하고, 분위기를 공감하고, 고객의 철학에 공감해야 살아남을 수 있다. 4세대는 제품이나 서비스가 아닌, 고객에서 출발해야 한다. 내 고객이 누구인지 잘 알고 접근해야 한다. 음식 맛이 아무리 좋아도 내 고객의 입에 맞아야 하고, 매장 분위기가 아무리 환상적이라도 내 고객의 감성을 자극해야 한다. 철저히 고객에게 정조준이 되어야 하는 시장이 4세대 외식업 시장이다.

▌외식 트렌드의 이해

외식 트렌드의 이해 없이 식당을 운영할 순 없다. 과녁을 꿰뚫는 화살촉처럼 장사의 제1과제는 소비 트렌드 파악이다. 트렌드를 안다는 것은 고객의 필요와 욕구를 아는 것이다. 고객이 공감할 수 있는 가치를 창조하고 제공할 수 있다는 의미이다. 소비 트렌드의 이해는 손님이 원하는 메뉴 개발과 품질 유지, 효과적인 마케팅전략, 매뉴얼 혁신 등을 어떻게 해야 할지를 알려준다.

지난해 농림부가 주최한 2023년 식품외식산업 전망대회에서 한국외식산업경영연구원이 발표한 '2023 외식 트렌드'를 보면, 그동안은 해외와 국내의 영향요인의 차이에 따라 외식 트렌드의 현상 및 시기에 차이가 있었으나 세계 경제 상황이 유사하다 보니 글로벌 외식 트렌드와의 차이도 줄어들고 있다. 한국외식산업경영연구원은 2023년에 주목해야 할 외식 트렌드로 4개 분야 20개 키워드를 선정해 제시했다.

첫째, 외식행태의 양극화

런치플레이션(런치와 인플레이션의 합성어), 미식플렉스, 편의점 간편식 다양화, 초세분화 등 네 개의 하위 키워드가 있다. 팬데믹과 함께 찾아온 고물가는 불황기의 대표적인 소비행태인 '짠테크('짜다'+'재테크' 불필요한 낭비를 막자는 의미)'와 '플렉스(돈 자랑하다)'의 양극화를 부추기고 있다. 점심은 구내식당, 저녁은 편의점, 주말은 구찌 레스토랑을 이용하는 것처럼 양극화는 단순히 소득에 따른 양극화가 아니라 동일인이 짠테크와 플렉스 소비성향을 동시에 갖고 있으며, 그 중심에는 '나만의 취향, 가치'가 잠재되어 있다.

둘째, 소비감성&마케팅 분야의 '경험이 곧 소유'

여기에는 콜라보의 확대, 인증샷 전성시대, 리뷰 마케팅, 친환경 외식, 포모신드롬[1] 등 다섯 개의 하위 키워드가 있다. 동종 또는 이종 산업 간의 콜라보와 경영주와 셰프 간의 인적 콜라보가 확대되고, 인증샷과 리뷰를 통해 가치를 추구한다. MZ 세대 중심의 친환경·착한소비·개념소비 감성이 지속해서 확대될 전망이다.

---

[1] FOMO(Fear of missing out) Syndrome : 흐름을 놓치거나 소외되는 것에 대한 불안 증상으로 일종의 '고립공포감'을 말함

셋째, 메뉴 분야의 '건강도 힙하게'

여기에는 건강식과 외식형 간편식, 우리 술, 비건, 간소화 등 다섯 개의 하위 키워드가 있다. 코로나를 계기로 관심이 커진 건강, 핵심에 집중, 나만이 아닌 모두를 위한 윤리주의, 기성세대의 문화로 인식되던 전통주까지, 젊은 층의 관심은 곧 '힙(hip, 유행+개성+멋)'이라는 것이다. 제한적 외식으로 인한 외식의 즐거움을 대신해 주던 간편식은 간편함을 넘어 '외식의 즐거움' 충족을 위한 외식형 간편식 시장의 확대를 가져오고 있다.

백종원 대표가 운영하는 백술닷컴을 통해 전통주를 구매하는 연령대를 보니, 2030 세대가 66%로 가장 높았다고 한다. 그러다 보니 파리바게트가 서울 장수막걸리와 콜라보를 해서 '장수막걸리쉐이크'를 출시하는가 하면, 설빙과 보해양조가 콜라보 해서 '설빙인절미순희막걸리'를 출시하는 등 기존의 중장년층이 소비하는 전통주가 MZ 세대의 관심사가 되면서 힙한 아이템으로 변모하고 있다.

최근 식품 대기업을 중심으로 비건식품과 비건레스토랑을 오픈한다는 기사가 유독 눈에 띈다. 건강한 아름다움을 위한 비건(채식) 소비가 늘어나고 있다. 비건이 전체 외식업을 좌지우지할 정도로 대중화에는 한계가 있지만, 채식에 대한 소비자의 니즈는 지속적으로 높아지고 있는 만큼, 외식업 사업주들은 이런 추세를 염두에 두고 접근해야 할 것이다.

넷째, 경영 분야의 '휴먼테크'

여기에는 푸드테크 혁명, 레스플레이션(레스토랑과 인플레이션의 합성어), 특화매장, 피지털(피지컬과 디지털의 합성어)의 확대, 빅블러(빠른 변화로 경계가 모호해지는 경향)의 확대 등 다섯 개의 하위 키워드가 있다. 팬데믹 이후 외식업계에도 테크의 활용도가 더욱 높아지고 있다. 구인난, 인건비 상승, 생산성 향상 등을 위해 예약부터 경영분석까지 외식업 운영의 스마트화가 빠르게 진행되고 있다.

외식산업의 푸드테크는 결국 부족한 종사자의 대체와 업무 강도 완화, 고객에게는 편의 제공, 즉 사람을 위한 테크라고 할 수 있다. 예약·서빙·조리·관리까지 푸드테크의 범위가 확대되고 있다. 키오스크, 테이블오더 등 예약 및 주문 시스템화하는 것은 이미 오래된 일이다. 구매, 식재관리, 경영분석 등 관리 솔루션이 푸드테크에 적용되고 있고, 서빙은 물론, 조리와 생산까지 로봇의 범위가 확대되고 있다. 그런가 하면 비건과 채식 인구가 증가하고, ESG[기업의 비재무적 요소인 환경(Environment)·사회(Social)·지배구조(Governance)]가 이슈화되면서 대체육(代替肉, 식물성 고기) 시장도 확대되고 있다. 농림축산식품부에서도 2026년까지 외식산업 혁신을 위해 약 1조 원을 투자한다고 밝히고 있어 앞으로 푸드테크는 지속적 성장과 더 많은 분야에서 외식산업의 효율화를 도모할 것이다.

2023년 외식 트렌드의 특징은, 국내외 트렌드의 격차가 점점 줄어들고 불황이라는 키워드가 공통으로 나타났으며, 특화매장에 대한 키워드가 계속 나타나고 위드코로나로 코로나 시기의 간편식, 언택트, 푸드테크, 배달 트렌드가 지속되고 있는 점이다. 주목할 것은 기존 트렌드가 완전히 사라지는 것이 아니라 새로운 트렌드와의 결합 또는 융합으로 새로운 시장을 열고 있다는 것이다.

▎외식업의 현주소

우리나라의 인구당 음식점 수는 미국의 6배, 일본의 2배 수준이다. 통상적으로 알려진 일본의 음식점 수는 약 70만 개로 추산하고 있다. 우리나라는 행안부의 지방행정 인허가데이터를 보면 정상 영업 중인 음식점 수는 694,939개소이다. 이를 인구수 5100만 명으로 나누면 우리나라의 음식점 수는 인구 73명당 1개이고, 일본은 70만 개를 1억 2400만 명으로 나누면 인구 177명당 1개이다. 우리나라가 일본보다 2배 이상 많다. 그만큼 경쟁이 치열하고 수익 창출이 쉽지 않다.

이러한 현실에서 외식업 창업은 심사숙고해야 한다. 경험 없는 예비창업자가 철저한 준비 없이 도전하면 실패할 확률이 그만큼 높다. 이런 현실에도 불구하고 매년 외식업 창업자 수는 줄지 않고 오히려 증가하고 있다. 일반음식점업은 음식류를 조리·판매함으로써 식사와 함께 부수적으로 음주 행위가 허용되는 업종이다. 전문지식 없이도 창업이 가능하기 때문에 전직이 어렵거나 퇴직 후 일정한 일자리가 없는 사람들이 쉽게 도전한다. 하지만 다른 업종에 비해 경쟁이 치열하기 때문에 그만큼 성공확률이 낮은 업종이 외식업이다. 오랫동안 외식업에 몸담은 사업자들에게도 지속 성공은 쉽지 않다. 외식업에 도전하는 사람들은 시작하기 전에 해당 업종이 자기 적성에 맞는지 외식업에 재미를 느끼며 잘 할 수 있는지 시작하기 전에 면밀하게 검토해야 한다.

◆ 한국외식업중앙회 중앙교육원 신규영업자 위생교육 수료자 현황

구분	코로나 前		코로나 後		비고
	2019년		2022년 10월 ~ 2023년 5월		
교육인원	18,350명		9,685명		
30대 이하	2,013명	11%	1,783명	18%	7%
30대	4,945명	27% (38%)	3,244명	34% (52%)	7%
40대	4,810명	26%	2,613명	27%	1%
50대	4,147명	23% (49%)	1,392명	14% (41%)	−9%
60대 이상	2,435명	13%	653명	7%	−6%

한국외식업중앙회 산하 중앙교육원의 신규영업자 위생교육 수료 인원을 코로나19 이전인 2019년과 코로나19 이후 거리두기가 해제되면서 집합교육이 시행된 2022년 10월부터 2023년 5월까지 연령대별로 분석했다. 코로나 이전에는 음식점을 신규로 창업하는 인원이 가장 많은 주류세대가 40~50대였으나 코로나 이후에는 20~30대가 주류를 이루고 있다. 코로나 이전보다 코로나 이후에 20~30대 비

율이 14% 증가하여 전체의 52%를 차지한 반면, 50대는 9%가 감소한 14%, 60대 이상은 6%가 줄어 7%를 나타내고 있다. 60대 이상의 6% 감소는 거의 절반이 감소한 수치이다.

표에서처럼, 음식점 창업의 주류가 40~50대에서 20~30대로 바뀐 것이 가장 큰 특징이다. 외식 창업세대가 크게 젊어지고 있다. 코로나19라는 엄청난 악재를 만나면서 경제적으로 어려움을 체감한 기성세대는 음식점뿐 아니라 다른 업종에서도 창업을 쉽게 결정하지 못하고 있다.

반면, 20~30대는 기성세대와 달리 활발한 SNS 활동 등을 통해 새로운 트렌드를 쉽게 받아들이며 무엇이든 도전하려는 의욕이 강하게 나타나고 있다. 물론, 기업들의 경제성 악화로 투자와 고용이 감소하면서 취업이 어려운 것도 하나의 이유가 될 수 있다.

1장

외식업소
경영진단

외식업소 경영진단은 사업주가 외식업의 변화를 읽고 문제해결의 대안을 마련하는 데 그 목적이 있다. 자신의 점포에 대한 경영진단은 전문가의 힘을 빌리기도 하지만(소상공인 컨설팅 등) 자신이 직접 해봄으로써 현실을 직시하고 문제해결 능력을 높일 수 있다. 외식업소 경영진단은 정치, 경제 등의 외부환경과 해당 사업장의 내부환경을 분석하는 것으로 이루어진다. 환경분석을 한 후 그 자료를 근거로 SWOT 분석과 사업성 분석을 실시한다.

외부환경분석
(External environment analysis)

　외부환경분석은 외식업소의 경영에 영향을 미치는 잠재적인 '기회 및 위협'을 분석하는 것이다. 외부환경의 기회와 위협은 외식업소의 역량에 상관없이 영향을 미친다. 외식업체는 외부환경분석과 내부환경분석을 바탕으로 강점은 살리고 약점은 보완하며 경영전략을 수립한다. 외부환경요인은 법·정치, 경제, 사회·문화, 기술, 매체 및 고객과 경쟁자 등으로 나뉜다.

외부환경분석

· 법·정치　· 경제　· 사회·문화　· 기술
· 매체　· 고객　· 경쟁자

 법·정치 환경

규모가 크든 작든 식당 운영에는 각종 법률의 규제를 받을 수밖에 없다. 위생법을 비롯하여 원산지표시법, 소비자보호법, 공정거래법, 프랜차이즈 가맹거래법, 상가건물임대차보호법, 도시계획법 및 각종 시행령이나 유통법규 등이 외식업소에 영향을 미친다. 또 재무나 회계와 관련된 회계법과 세금 관련 세법 등의 법률뿐 아니라 소상공인들을 위한 금융지원이나 창업을 지원하는 법률도 외식업에 적지 않은 영향을 미친다.

외식업자는 점포운영에 해당 법률이 어떻게 적용되고 어떤 영향을 미치는지 잘 알고 있어야, 문제가 발생했을 때 도움을 받을 수 있고 목표를 설정하고 점포를 운영하는 데 활용할 수 있다. 법적 환경 외에도 정치적 환경 또한 외식업소 경영에 적지 않은 영향을 미친다. 과거 정경유착으로 독과점 위치를 확보한 대기업들이 아무런 제한 없이 시장에 진입했던 시절이 있었다. 사업주는 법과 정치적 환경을 잘 파악해 사전에 문제를 예방해야 한다.

경제 환경

한 나라의 경제 환경은 기업뿐 아니라 소상공인의 경영 활동에 많은 영향을 미친다. 특히 시장수요는 외식업체 매출에 큰 영향을 미친다. 경기가 호황일 때는 소비가 증가하지만 그렇지 않을 경우 가장 먼저 외식업소의 매출이 감소한다. 특히 지금처럼 인플레에 저성장이 지속되면 외식업소는 인건비와 재료비 및 이자 등으로 일반기업보다 더 많은 어려움을 겪는다.

외식업체에 영향을 미치는 경제 환경 요인에는 재료비, 임금, 이자율, 임대료, 홍보나 광고 등의 마케팅 비용 등이 있다. 그밖에 국제 곡물 가격 등의 글로벌 환경도 많은 영향을 미친다. 외식업 대표는 급변하는 경제 환경에 신속하게 대처할 수 있도록 대안을 마련하는 것이 바람직하다.

🎖 사회·문화 환경

상품이나 서비스의 소비 트렌드에 가장 많은 영향을 미치는 것이 사회·문화적 환경 요인이다. 지역이나 상권에는 사회·문화적 차이에 따른 소비 트렌드가 존재한다. 외식업과 관련된 사회·문화적 환경 요인에는 인종, 성별, 종교, 연령, 라이프스타일, 가치관, 사회계층, 주거형태 등이 있다. 이런 요인들은 소비자 행동에 많은 영향을 미치므로 사업자가 마케팅전략을 세우는 데 가장 중요한 요소로 작용한다.

사회·문화적 환경 요인은 한 국가나 도시, 심지어 같은 지역 안에서도 구매나 소비형태에 많은 차이를 보인다. 같은 지역이라도 연령이나 성별에 따라 음식 주문이나 먹는 방식이 다를 수 있다. 가령 10대나 20대의 경우 매운맛을 선호하는 데 반해, 40대와 50대는 덜 맵고 덜 단 것을 선호할 수 있다. 또 여론이나 인터넷문화의 급속한 변화에 따라 사회·문화적 환경이 변한다. 모바일 주문이 증가하고 있으며 이에 편승한 모바일 광고 역시 급증하는 추세이다. 이런 소비 트렌드를 따라잡으려면 외식업 사업자는 소비자의 의식구조, 가치관, 소비행태 등을 면밀하게 분석해야 한다.

 기술 환경

간장 소스를 입혀 튀긴 교촌치킨, 집게에 온도계를 달아 고기가 잘 익었는지 알 수 있게 해주는 집게, 저울이 달린 도마 등, 참신한 아이디어가 외식산업 매출에 많은 영향을 주고 있다. 또 택배기술의 발달로 유통구조 개선은 물론, 미디어와 모바일 애플리케이션의 개발로 외식산업에 큰 변화를 일으키고 있다. 외식업체들은 음식과 관련된 제반 기술을 받아들여 경쟁력을 유지하고 고객의 공감을 얻는 데 힘을 모아야 한다.

매체 환경

규모가 큰 외식업체는 TV, 라디오, 신문, 잡지, 인터넷 등의 촉진수단을 이용하는 반면, 영세한 업체일수록 상대적으로 저렴한 광고수단을 이용하거나 그마저도 하지 못하는 경우가 많다.

특징적인 매체 환경의 변화는 판매자와 소비자 쌍방 간 의사소통을 가능하게 한다. 외식업체가 제공한 음식과 서비스에 대해 소비자들은 인터넷이나 모바일 등의 매체를 통해 자신들의 생각을 그대로 전달한다. 이런 쌍방향 매체 환경은 외식업체의 영업을 용이하게 하기도 하고 곤경에 빠뜨리기도 한다. 매체 환경의 변화를 파악해 잘 활용하면 투자 대비 수익률을 높일 수 있다.

 고객

고객분석은 고객이 구매·소비하는 행동을 파악함으로써 영업 전략을 세우는 것을 목적으로 한다. 고객의 구매 행동 분석은 고객의 필요와 욕구를 충족시키기 위해 그들의 나이나 직업, 소득, 학력, 주거형태, 라이프스타일 등을 분석한다. 고객분석은 고객이 원하는 것과 고객이 아직 인식하지 못하고 있는 잠재적 욕구를 알아내어 그에 적합한 상품과 서비스를 제공하기 위한 분석 활동이다. 고객분석을 위해서는 우선 고객이 누구인지 알아야 한다. 고객 중에서도 자사의 제품과 서비스를 가장 많이 자주 구매하는 수익성 높은 고객을 파악해야 한다.

그들의 구매특성을 알기 위해서는 고객군별로 그 특징을 파악해야 한다. 이런 과정을 고객 세분화(시장세분화)라고 한다. 고객 세분화를 통해 고객을 규정하고, 해당 점포가 가지고 있는 영업 전략을 가장 잘 어필할 수 있는 고객군을 선정(표적시장 선택)한 후, 선정된 고객을 만족시킬 수 있는 전략(포지셔닝)을 구사하는 것이 마케팅전략의 핵심이다. 이런 일련의 과정을 진행하기 위해서는 먼저 고객군별로 시장을 나누는 고객 세분화를 해야 한다.

◆ 고객 세분화

고객 세분화(시장세분화)는 고객을 일정 기준에 따라 몇 개의 시장으로 나누어 자사의 제품이나 서비스가 가장 경쟁력을 발휘할 수 있는 고객을 골라내는 일련의 과정이다. 즉 고객 세분화는 정말 거래하고 싶은 고객이 누구인지 결정하는 작업이다. 효과적인 목표시장을 선정하기 위해서는 소비자의 필요와 욕구, 구매동기 등을 정확하게 파악해야 한다. 그리고 세분 시장 간에는 자사 제품에 대한 욕구와 구매 행동이 서로 달라야 하고, 세분 시장 내에 있는 고객들은 유사해야 한다.

고객 세분화는 제품이나 서비스의 성격에 따라 기준이 일정한 것은 아니다. 어떤 제품에 효과적인 기준이 다른 제품에는 그다지 효과적이지 않을 수 있다. 옷의 경우 소득이나 스타일이 매우 중요한 세분화의 변수가 될 수 있지만, 소주나 맥주 같은 주류의 경우는 소득보다 음용량이나 음용 횟수가 좀 더 효과적인 세분화의 요소이다. 외식업의 경우 연령, 성별, 소득, 직장인, 가족 규모, 라이프스타일, 추구 편익 및 구매 행동 등이 그 기준이 될 수 있다.

가령, 해당 상권 내 33평에서 40평대에 거주하는 40~50대 남성 직장인들이 삼겹살을 가장 많이, 자주 소비하는 고객군이라면 그들을 목표시장으로 삼아 포지셔닝을 집중적으로 펼쳐야 한다. 소상공인시장진흥공단 상권정보시스템을 보면 주거형태, 거주 평형, 인구밀도, 인구이동현황, 연령별, 성별, 직장인 수 등을 파악할 수 있다. 외식업의 경우, 이처럼 업종의 종류에 따라 세분화의 기준을 정확하게 파악하는 것이 중요하다. 다음은 고객 세분화의 효익과 요건이다.

① 고객 세분화의 효익

☑ 판매기회를 분석해 비교함으로써 유리한 영업 전략을 전개할 수 있다.

☑ 고객의 요구를 충족할 수 있는 마케팅 활동을 전개할 수 있다.

☑ 주 고객의 욕구를 충족하기 위한 아이디어 창출이 용이하다.

☑ 고객을 세분화함으로써 자원을 보다 효율적으로 배분할 수 있다.

☑ 차별화를 통한 경쟁자와의 출혈경쟁을 완화할 수 있다.

☑ 고객만족도를 높여 고객의 생애가치[2]를 유지할 수 있다.

☑ 상대적으로 적은 비용으로 촉진을 할 수 있다.

② 효과적인 고객 세분화의 요건

고객 세분화의 방법은 다양하지만 모든 고객 세분화가 효과적인 것은 아니다. 예를 들어 소주 음용 횟수는 머리가 긴 고객과 짧은 고객에 아무런 영향을 미치지 않는다. 또 모든 순댓국 소비자들이 매달 같은 횟수로 순댓국을 소비하고 있다면, 이 식당은 시장을 세분화하여 얻을 수 있는 효과는 없다. 따라서 고객 세분화가 유용하려면 갖추어야 할 몇 가지 조건을 충족해야 한다.

2] 고객이 비즈니스와 관계를 맺는 전체기간 동안 비즈니스에 있어 고객이 갖는 총 가치

측정 가능성(Measurability)

세분 시장의 규모와 구매력 및 특성을 측정할 수 있어야 한다. 가령, 삼겹살을 판매하는 식당에서 '삼겹살을 먹고 남은 고기를 반려동물에게 주기 위해 소비하는 고객들'을 세분 시장의 표적으로 삼으면 그들의 수와 구매력 등을 측정하기가 거의 불가능하다. 시장을 세분화함에 있어 고객의 구매력은 고객 세분화의 가장 근간이 되는 요소이다.

충분한 규모의 시장(Substantiality)

목표시장이 일정한 수익에 기여할 수 있어야 한다. 목표 고객은 영업 전략이 추구할 가치가 있을 만큼의 동일고객집단으로 이루어져야 한다. 예를 들어, 순댓국집에서 10세 미만의 아이들을 대상으로 마케팅 활동을 전개하는 것은 수익성이 낮다. 해당 품목을 소비할 수 있는 연령대라야 의미가 있다. 세분 시장의 크기는 일정하진 않지만, 고객들의 개성이 더욱 뚜렷해지고 정보통신기술의 발달로 세분 시장의 규모가 점점 작아지는 추세이다.

접근 가능성(Accessibility)

세분 시장은 고객에게 효과적으로 도달해야 한다. 가령, 음식을 배달하는 업소의 주 고객이 밤늦게 야근하는 20대 남성이라면, 거주지나 직장이 특정 지역에 국한되지 않아 세분 시장 접근이 어렵다.

차별 가능성(Differentiability)

세분 시장의 고객들이 판매자의 제품, 가격, 유통, 촉진 등의 마케팅 프로그램에 다르게 반응해야 한다. 예를 들어, 20대 남성들과 40대 남성들이 된장찌개에 유사한 반응을 보인다면 남성을 연령별로 나누는 것은 의미가 없다.

실현 가능성(Actionability)

세분 시장을 유인하고 효과적인 마케팅을 전개할 수 있어야 한다. 가령 외식업소의 고객을 3개의 세분 시장으로 나누었을 때, 각각의 세분 시장에 맞는 마케팅 프로그램을 개발하고 적용할 수 없다면 그와 같은 세분화는 의미가 없다.

경쟁자

장사의 성패는 경쟁 구도에 달려 있다. 상대가 나보다 경쟁력이 우위에 있으면 나는 장사를 접어야 한다. 과거와 달리 지금의 시장은 승자와 패자만 남는 디지털 시장이다. 1등이나, 2등까지만 살아남고 나머지는 적자를 감수하거나 퇴출의 수순을 밟아야 한다. 경쟁력은 이제 과거처럼 이익을 더 남기고 덜 남기고의 문제가 아니라 생존을 결정짓는 잣대가 되었다.

경쟁분석은 다양한 방법으로 나타낼 수 있다. 그 한 방법으로, 경쟁수준을 한눈에 볼 수 있는 지각도(Positioning Map)를 활용할 수 있다. 지각도는 자기 업소의 제품이나 상표의 수준이 경쟁사와 비교할 때 어느 위치에 있는가를 나타내는 방법으로, 고객이 구매할 때 가장 중요하게 생각하는 속성을 기준으로 제품이나 상표의 위치를 간명하게 나타낸다.

즉 지각도는 상품이나 서비스, 브랜드에 대한 고객의 심리적인 위치를 제품 속성에 따라 두세 개의 차원의 공간에 표시함으로써 대상들 간의 상대적인 강점과 약점 및 유사성 정도를 판단할 수 있다.

◆ 커피전문점 사례

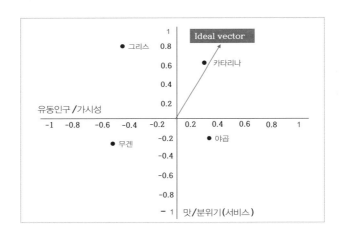

위의 그림에서처럼, 지각도 상에 고객들이 커피전문점을 지각함에 있어 가장 중요한 두 가지 차원 '유동인구, 가시성'과 '맛, 분위기'에 근거하여 일정 지역의 고객들이 방문할 수 있는 커피전문점들이 위치하고 있다.

지각도 상에 '무겐'은 유동인구도 적고 도로에서 잘 안 보이는 이면 도로에 위치함으로써 유동인구/가시성 측면에서 부(-)의 평가를 받았으며, 맛/분위기에서도 부(-)의 평가를 받고 있다.

'야곱'은 유동인구와 가시성에 있어서 정(+)의 평가를 받았으나 맛과 분위기에 있어서는 '무겐'과 마찬가지로 부(-)의 평가를 받았다. 이에 반해 '그리스'는 유동인구와 가시성에 있어 부(-)의 평가를 받았으나 맛과 분위기는 정(+)의 평가를 받았다. '카타리나'는 다른 세 곳과 달리 유동인구/가시성과 맛/분위기 모든 부분에서 정(+)의 평가를 얻고 있다.

앞의 그림에서 고객이 가장 이상적으로 생각하는 'Ideal vecter'에는 카타리나가 가장 근접해 있는 것을 볼 수 있다. 위의 예에서 보듯이, 지각도는 자기 점포의 상대적인 강점과 약점을 파악함으로써 경쟁우위를 확보하기 위한 대책을 세우는 데 유용한 수단이다.

경쟁우위는 곧 차별화를 의미한다. 경쟁우위를 확보하기 위해서는 경쟁자의 강점과 약점을 알아야 한다. 경쟁 분석에서 간과해서는 안 될 것은, 경쟁 분석은 상대적이기 때문에 자신의 점포에 유리하게 해석하지 않도록 주의해야 한다.

또 판매하는 음식이 달라도 경쟁 관계에 있는 경우가 있다. 같은 아이템의 경쟁업체 못지않게 중요한 것이 대체재이다. 사전적 의미로, 경제학에서 어느 한 재화가 다른 재화와 비슷한 유용성을 가지고 있어 한 재화의 수요가 늘면 다른 재화의 수요가 줄어드는 경우 서로 대체관계에 있다고 말한다. 이러한 대체관계에 있는 재화를 다른 재화의 대체재라고 한다.

이러한 대체재의 개념은 상대적인 것으로, 같은 상권에 삼겹살과 오리구이는 대체재 관계에 있다고 할 수 있다. 김치찌개집과 김밥을 파는 분식점과는 서로 품목은 달라도 경쟁 관계에 있는 것이다. 따라서 대체재를 파는 식당들의 특징과 강·약점 및 전략을 파악해 적절히 대처하는 것도 경쟁업소 분석에 중요한 부분이다.

내부환경분석
(internal environment analysis)

외식업체의 내부환경분석은 외식업 사업자 및 사업장의 역량을 경쟁점포와 객관적으로 비교·평가함으로써 해당 점포의 강점과 약점을 파악하는 것이다.

사업자 역량은 해당 점포를 운영하는 데 사업자가 가지고 있는 역량을 말한다. 사업자의 역량을 분석해 강점은 키우고 약점은 보완한다. 일반기업과 달리 점포를 운영하는 데 있어 사업자의 역량은 매우 중요하다. 일반적으로 기업은 개인의 역량보다 시스템에 의존하지만, 자영업은 사업자의 의사결정이 곧 사업의 성패와 직결되기 때문에 사업자의 점포 운영능력이 중요하다.

사업장 분석 역시 사업자 역량 못지않게 중요하다. 해당 점포의 상권이나 입지, 고객층, 메뉴, 원재료의 수급, 수익 등을 경쟁사와 비교하여 점포경영의 지표로 삼는다.

사업자 역량 분석

사업자 역량진단은 외식업주가 해당 업종에 대해 핵심역량을 가지고 있는지 분석하는 활동이다. 사업자의 역량진단은 강점(핵심역량)은 더욱 키우고 약한 부분은 전문가에 맡기거나 아웃소싱을 추천한다. 사업주에 대한 평가요소는 다음과 같다.

◆ 해당 업종에 강점을 갖고 있는가?

사업주는 외식업이 자신의 적성에 잘 맞는지 알고 있어야 한다. 해당 업종이 사업자에게 잘 맞으면 그만큼 경쟁력이 높다고 할 수 있겠지만 그렇지 않을 경우 문제가 된다. 가령 사업자가 내성적이고 남앞에 서는 것을 싫어하는 경우, 얼굴에 미소를 머금고 손님들과 눈을 맞추면서 사근사근 안부를 묻는 행위가 여간 고역이 아닐 수 없다. 따라서 처음 창업을 준비할 때 사업자의 강점을 발휘할 수 있는 업종인지 잘 따져보고 사업을 시작해야 한다. 그렇지 않고 외식업을 시작했을 경우에는 사업자가 잘 하지 못하는 부분은 과감하게 종업원이나 다른 전문가에게 맡겨야 한다. 가령 사업자가 대인접촉을 꺼리며 음식 만드는 것을 좋아하면, 사업자가 주방으로 들어가고 접객 부분은 접객에 소질이 있는 다른 사람에게 맡기는 것이다.

✦ 경영에 필요한 지식을 가지고 있는가?

리더십, 마케팅 전략, 점포운영, 노무·재무관리 및 서비스 능력 등은 조그만 식당을 운영해도 사업자로서 꼭 필요한 부분들이다. 사업자의 경영 관련 지식과 그것을 알리는 노력에 따라 경영성과는 아주 달라질 수 있다.

✦ 사업수행 능력은 어떠한가?

해당 업종의 경험, 음식에 대한 품질개선 능력과 기술력, 외식업에 필요한 자격증 등은 실제 사업을 수행하는 데 결정적 역할을 한다. 가령 감자탕 전문점의 경우 돼지 뼈는 어느 부위를 사용하며, 어떻게 삶는 것이 맛이 좋고, 감자탕의 맛을 돋우기 위해 얼마나 숙성된 묵은지를 사용하는지 등은 사업을 해나가는 데 매우 중요한 경영 노하우이다.

✦ 사업 관련 인적네트워크는 잘 구성되어 있는가?

막연히 지인이 많은 것이 중요한 것이 아니라 사업과 관련하여 상의하고 도움을 받을 수 있는 사람이 필요하다. 경쟁업체도 중요한 도우미가 될 수 있다. 가령 카드지급수수료율을 인하하기 위해 공동전선을 펼치기도 하고, 정부 기관에 사업과 관련하여 업체들의 의지를 전달할 때도 없어서는 안 될 협력자가 된다.

또 종업원 관리나 세금 회계에 대해 의논하고 도움을 요청할 수 있는 노무사, 세무사 등도 훌륭한 인적네트워크가 된다. 기타 가망고객

중에 아파트대표자나 부녀회장, 동우회 회원, 직장인들의 회식에 결정적인 역할을 하는 사람 등이 사업과 관련하여 좋은 인적네트워크가 될 수 있다.

◆ 아이디어 창출 능력은 어떠한가?

사업을 영위하는 데 무엇보다 중요한 항목이 아이디어 창출 능력이다. 품질, 기술, 서비스 등의 평준화로 고객은 여간해서 경쟁자와 다르다는 인식을 갖지 못한다. 식당들이 나름대로 특징을 갖고 있다고 해도 고객이 볼 때는 다 고만고만하다. 무엇이 더 좋고 차이가 나는지 잘 알지 못한다.

고객은 '아! 그 집' 하고 차별화된 식당을 찾기가 쉽지 않다. 남과 다른 그 무엇을 찾아내는 아이디어야말로 무한경쟁 시대의 핵심역량이다. 세상에 없는 엄청난 것을 발명하고 개발하는 것이 아니라 우리 주위에 맴도는 작고 하찮은 것에서부터 새로운 것을 발견하는 노력이 필요하다.

◆ 커뮤니케이션 능력은?

경영학의 아버지 피터 드러커는 "기업에서 발생하는 문제의 60%가 잘못된 커뮤니케이션에서 비롯된다."라고 말하며 소통의 중요함을 역설했다. 특히 손님과의 소통이 최일선에서 이루어지는 외식업의 소통은 경쟁우위를 확보할 수 있는 가장 강력한 도구의 하나이다.

사업자와 직원들 사이의 소통은 물론 고객과의 소통 역시 점포매출을 좌우하는 촉매제가 된다. 아무리 마케팅 능력이 출중하더라도 말 한마디 눈짓하나에 고객의 마음을 사로잡기도 하고 고객을 잃기도 한다. 원활한 소통만큼 사업자와 종업원이 하나가 되어 매출을 끌어 올리는 주요 무기도 없을 것이다.

◆ 외식업소 사업자 분석 사례

구분	분석내용
사업자의 적합성	• 감자탕집에서 3년간의 근무경험과 10년의 사업체 운영 경험으로 성실하며, 정직을 모토로 고객과 직원들에게도 많은 노력을 기울이고 있음 • 평소 점포경영과 관련하여 배우고자 하는 열의가 많음
지역연관성	• 해당 지역에서 10년째 사업으로 지인이 많음
인적 네트워크	• 아이디어를 내는 데 아내의 도움이 큼 • 외식업 경영과정 동기생들과 학습조직을 만들어 공동연구 및 업소탐방 등 정보를 공유하고 있음
사업화 역량	• 재료 구매에서 요리까지 감자탕에 전문적인 노하우를 가지고 있음. • 2017년 개발한 등뼈무침은 호평을 받고 있음
자금조달	• 현재 사업상 차입금은 5000만 원이며, 자금운영에 별문제 없음
영업/ 마케팅 역량	• 광고나 홍보하지 않음 • 카톡으로 안내 문자발송

사업장 분석

사업장 분석은 상권과 입지, 수익성 및 운영현황 등과 관련하여 해당 점포의 상대적인 강점과 약점을 분석하는 것을 말한다.

◆ 상권 분석

"상권·입지 분석은 어떻게 할 것인가?" "장사가 잘되고 임대료가 적은 상권이나 입지는 어디인가?" "유동인구가 많고 접근성과 가시성이 좋은 입지는 어떻게 선택하나?" "좋은 입지나 상권이 의미하는 것은 무엇인가?" "발품을 판다는 것은 무슨 의미인가?" 등등, 장사를 시작하려는 창업예정자나 현재 업소를 운영하고 있는 사업주들 역시 궁금한 사항들이다. 상권을 분석함으로써 경쟁자와 비교하여 자신의 점포 가치를 파악할 수 있다.

상권은 해당 점포의 영업에 영향을 미치는 지리적인 범위를 뜻하며 판매액의 비율에 따라 1차 상권, 2차 상권, 3차 상권으로 구분할 수 있다. 지리적인 범위를 규정짓는 상권은, 업종과 그 업종의 품목에 따라 고객층이 달라진다. 상권에 대한 해석은 보는 각도에 따라 다를 수 있기 때문에 참고사항이지 절대적인 것은 아니다. 그럼에도 상권이나 입지분석이 중요한 것은, 매출에 절대적인 영향은 물론 권리금이나 임대료 등에 많은 영향을 미치기 때문이다.

1차 상권

1차 상권은 해당 점포의 이용고객의 60~70%를 포함하는 지역적 범위를 말한다. 1차 상권은 고객의 1인당 매출액이 가장 높은 지역이기도 하다. 외식업의 경우 업종과 취급하는 품목에 따라 다소 차이가 날 수 있지만, 1차 상권은 해당 점포로부터 고객의 거주지까지 300미터 전후로 걸어서 약 6, 7분 정도면 적당하다. 따라서 1차 상권의 범위를 물리적인 범위만을 참고로 하기보다는 걷기에 다소 부담이 되는 지역까지를 1차 상권의 한계점으로 보면 큰 무리가 없다.

점포를 정할 때 가능하면 1차 상권의 끝자락보다는 2차 상권의 목이 좋은 입지를 선택하는 것이 좋다. 또 2차 상권의 가장자리보다 3차 상권의 전면에 나온 입지를 선택하는 것이 바람직하다. 그래야 점포가 눈에 잘 띄고 고객을 흡입하는 데 유리하다.

2차 상권

2차 상권은 이용고객의 10~20% 전후가 방문하는 범위이다. 해당 점포에서 600~700미터 전후로 생각할 수 있다.

3차 상권

3차 상권은 1, 2차 상권 이외에 있는 고객의 범위를 말하며 매출의 약 5% 전후를 차지한다.

사업자는 일단 점포의 입지를 결정한 후에는 2, 3차 상권보다 1차 상권에 집중하는 것이 바람직하다. 상권도 중요하지만, 그보다는 가망고객을 단골로 만드는 것이 매출을 높이는 데 더욱 효과적이다.

① 상권 유형별 특징

상권은 유형별로 도심, 역세권, 오피스 상권, 대학가, 아파트단지, 주택가, 유흥가 등의 상권으로 구분할 수 있으나 절대적인 것은 아니다. 상권은 도시계획이나 재개발 또는 주요 시설 등의 이전으로 언제든지 바뀔 수 있다.

도심형 상권

주로 시내 중심가에 위치하며 유동인구를 유입할 수 있는 관공서나 대형마트 영화관 등의 집객시설이 집중되며 대중교통이 편리하고 2, 30대 젊은 층이 몰리는 경향이 있다. 특히 다른 지역 상권보다 장사가 잘되는 편이므로 점포의 임대료가 높고 업종 간 경쟁이 심한 편이다. 따라서 처음 장사를 시작하는 창업자의 경우 극심한 경쟁으로 어려움을 겪을 가능성이 높기 때문에 특별히 주의해야 한다. 도심형 상권은 임대료가 높아 테이크아웃점이나 패스트푸드, 회전이 빠른 음식점이나 주점, 편의점, 커피전문점 등이 주로 입점한다.

역세권

전철이나 기차역 등의 진출입로를 중심으로 상업지역이나 업무 및 주거지역으로 형성되는 세력권을 말한다. 역세권의 범위는 명확하게 구분 짓기 어려우나 일반적으로 도보로 5분 전후 거리로 역세권을 중심으로 반경 300~500미터 이내 지역을 말한다. 김밥이나 우동 및 패스트푸드 등과 같이 손님 회전이 빠른 업종이나, 치킨집, 퓨전주점, 편의점, 커피전문점 등이 주로 입점한다.

오피스 상권

오피스 밀집지역으로 테헤란로, 역삼역이나 삼성역 주변 등을 전형적인 오피스 상권으로 분류할 수 있다. 패스트푸드점, 문구점, 김밥전문점, 편의점, 커피전문점 등이 주로 입점하며, 이면도로에는 주로 식당과 일반주점뿐 아니라 고급주점들도 입주한다.

대학가 상권

각 대학교나 기숙사 주변을 중심으로 형성되는 상권으로 방학 때면 매출이 급격하게 감소하는 경향이 있다. 하지만 유흥가와 함께 도시형 상권으로 발전한 건대역 상권이나 홍대 상권 등은 대학가 상권과 도심형 상권의 혼합형 상권으로 주로 젊은 층의 만남의 장소 역할을 한다. 대학가 상권은 커피전문점, 편의점, 음식점 등이 주로 입점하나 각 학교 내에 있는 업종과 겹치는 경우 점포 선택 시 철저한 조사를 한 후 입점하는 지혜가 필요하다.

아파트 상권

아파트 세대·평수·가구 수·연령·성별 등과 단지 내 상가 및 대중교통 이용실태에 따라 많은 영향을 받는다. 아파트 상권에는 부동산중개업소, 베이커리, 미용실, 약국, 슈퍼, 치킨집 등이 주로 입점한다.

주택가 상권

아파트, 단독주택, 빌라 등 주거지역이 밀집한 지역으로, 주 5일제 근무가 일반화되면서 다소 수혜를 입은 상권에 속하는 지역이다. 하지만 외식업의 경우, 지역주민들이 동네를 벗어나 대형 음식점을 찾거나 여가를 즐기기 위해 외곽에 있는 식당을 선호하는 경우 주 5일

근무제의 혜택이 미미할 수 있다. 주택가 상권의 투자 형태를 보면, 5천만 원에서 1억 원 내외의 소자본으로 유경험자들이 식당을 운영하거나, 2, 30대 혹은 50대 여성 사업자들이 독자 브랜드로 커피전문점에 투자하는 경향이 두드러진다.

유흥가 상권

주로 오피스 상권의 후면에 위치하며 저녁 6, 7시 이후부터 11, 12시까지 매출이 이어지는 특색이 있다. 식사보다 술 위주의 업종이 발달해 2차 술집과 연관된 업종들의 매출이 높게 나타난다. BAR, 야식음식점, 포장마차, 편의점 등이 주로 입점하는 지역이다.

② 평당 수익에 의한 상권 분류[3]

해당 점포가 속해 있는 상권의 평당 수익의 변화를 따라가면 상권이 어떻게 변화하는지를 알 수 있다. 가령, 임대료가 높은 의류에서 낮은 음식점으로 바뀌는지 아니면 그 반대로 변하는지를 살펴봄으로써 상권의 성격을 파악할 수 있다. 예를 들어 창업자가 2층에 음식점을 내려고 할 때 아래층의 점포가 창업자 점포보다 평당 수익이 높은 업종일 경우, 창업자가 하려는 음식점과 같은 업종은 1층에 들어올 수 없는 상황이 된다. 이런 경우 2층에 식당을 열어도 무방하다. 하지만 1층 점포의 수익이 창업자와 비슷한 수준의 경우라면 창업자와 유사한 업종으로 바뀔 수 있다. 1층에는 의류나 귀금속, 2층에는

---

3) 참조 : 소상공인시장진흥공단 e런닝 교육정보시스템(edu.seda.or.kr) 「업종전환 성공사례」

커피전문점, 3, 4층에는 학원이 입점하는 것이 일반적이다. 1층에 귀금속점이 입점하는 이유는 당연히 가장 높은 임대료를 지불하기 때문이다.

따라서 창업지역에서 어떤 업종들이 평당 수익이 높은지를 파악하는 것은 상권을 분석하고 입지를 선정하는 데 매우 중요한 요소가 된다. 지역별 평당 임대료 상황은 '소상공인컨설팅시스템'에 들어가면 쉽게 알 수 있다.

③ 상권 분석 요인

상권별 인구수, 주거형태, 주거면적, 주거 인원, 가족 구성원 수, 성별, 연령, 시간대·요일별 소비형태, 직장인 수 등의 자료를 수집·분석한다. 경쟁 강도는 직접 경쟁이 되는 업종은 물론 유사 업종의 규모, 매출액, 고객의 수, 영업연수, 점포특성, 종업원 수, 소비자 의견, 제품 특성 및 차별성 등을 조사한다.

상권의 지리적 특성은 경쟁점포나 특정 시설(역, 집객시설, 관공서 등)로부터의 거리, 도시계획, 도로계획, 지구단위계획 등을 조사하고 확인함으로써 점포를 둘러싼 상권의 변화를 읽을 수 있다.

그 외에도 점포의 이력, 특히 건물주의 성향과 해당 점포에서 건물주가 무슨 사업을 했는지를 알아야 한다. 건물주가 했던 업종과 같거나 유사한 업종은 가능한 피하는 것이 좋다. 또 점포를 둘러싸고 있는 시설상태, 고객접근성과 가시성, 및 해당 점포의 이력(전, 전전 임차인들이 했던 업종) 등을 확인한다. 가스나 전기시설용량 등은 필히 확인해야 하며, 권리금과 임차료 수준 및 복합건물의 경우 유사 업종 현황을 면밀히 검토한다. 그리고 유동인구 및 차량 동선, 전철 및 대중교통 정류장 위치, 마을버스 동선, 공영주차장 여부, 노상 주차 가능 현황, 출퇴근 동선 등을 분석한다.

상권의 변화는 적지 않은 시간이 걸리고 계획에 따라 진행된다. 정류장을 이전하거나 횡단보도를 지우고 새로 그리는 것도 몇 개월이 걸린다. 따라서 상권변화를 읽으려면 주기적으로 해당 관청 사이트를 접속하거나, 직접 방문해서 도시계획이나 지구단위계획에 대해 알아보는 노력을 해야 한다.

다음은 상권변화의 긍정적 요인과 부정적 요인이다.

긍정적 요인

- ☑ 점포 인근으로 아파트 등의 복합주택이 입주하는 경우
- ☑ 1차 상권 안으로 전철역이 들어오는 경우
- ☑ 점포 인근에 버스정류장이 개소되거나 횡단보도가 생기는 경우
- ☑ 해당 지역이 상업지구로 지정되는 경우
- ☑ 해당 지역에 집객시설이 입점하는 경우 특히 영화관이 들어오는 경우
- ☑ 음식점과 보완업체가 입점하는 경우
- ☑ 출퇴근 동선이 새로 생기는 경우

부정적 요인

- ☑ 대형의 동종업종이 들어오는 경우
- ☑ 유사 업종이 입점하는 경우
- ☑ 점포 주변에서 재개발, 재건축이 시행되는 경우
- ☑ 횡단보도나 정류장이 해당 점포 인근에서 다른 곳으로 이동하는 경우
- ☑ 관공서나 대학 등이 다른 지역으로 이전하는 경우
- ☑ 1차 상권 밖에 새로운 상업지역이 형성되는 경우
- ☑ 해당 지역 주변으로 신도시가 개발되거나 새로운 상업지구가 형성되는 경우

◆ 입지 분석

입지는 대지나 점포가 소재하고 있는 위치적인 조건(location, point)을 말한다. "목이나 자리가 좋다"고 할 때 입지가 좋다는 의미이다. 입지가 좋다는 것은 임대료가 높고 장사가 잘되는 곳을 의미한다. 대로변일수록, 유동인구가 많을수록, 가시성이 좋고 접근성이 좋은 입지로 간주되며 일반적으로 높은 매출이 예상된다. 하지만 실제 매출이 항상 그런 것은 아니다. 같은 입지라도 누가 어떤 업종을 어떻게 운영하느냐에 따라 달라질 수 있다.

상권은 '좋다 나쁘다'라고 객관적으로 평가할 수 있지만, 입지는 해당 점포의 영업실적만이 해당 점포의 급지의 수준으로 결정된다. 그 수준에 따라 1급지, 2급지, 3급지 등으로 나뉜다. 입지 분석은 해당

점포에 대한 현황 분석과 입지 조건 등의 특징을 알아보고 점포의 세부적인 상황을 체크하며 점포의 접근성과 주변 점포의 특성을 분석하는 것이다. 또 유동인구 분석과 점포에 대한 권리 등을 분석하는 것도 입지 분석의 한 부분이다.

점포 현황 분석은 점포운영에 가장 기본적인 사항을 알아보는 것으로 건물의 형태, 노후 정도, 전기·수도·가스 상태, 가시성, 접근성, 인지성, 인·익스테리어 등의 하드웨어 부분과 점포 분위기, 상품 구성, 레이아웃 등 소프트웨어 부분을 함께 점검하고 분석하는 것을 말한다. 해당 점포의 세부적인 분석을 통해 해당 점포를 임차하거나 운영하는 데 중요한 기초자료로 활용할 수 있다.

① 유망한 입지

상권 내 해당 업종의 제품이나 서비스를 구매하는 고객이 많으며 그 고객이 다니는 길목에 있는 곳이 좋은 점포이다. 유동인구가 아무리 많아도 해당 점포를 이용하려는 고객이 아닐 때는 의미가 없다. 고객들이 쉽게 찾을 수 있고 편하게 구매할 수 있는 위치라야 매출을 높일 수 있다. 인근에 버스정류장이나 지하철역, 횡단보도가 있으며 중앙차선이 없고 유턴 지점이 점포에서 멀지 않으며 교통이 혼잡하지 않은 곳이 접근성이 좋다고 말할 수 있다.

테헤란로나 여의도 증권가의 대형 사무실 밀집 지역은 점심때는 북적거려도 저녁때 썰물처럼 빠져나가는 경향이 있다. 특히 금요일 저녁부터 손님이 줄기 시작해 토·일요일 및 휴무일에는 공동화 현상으로 매상이 뚝 떨어진다. 이에 반해 중소형 사무실이 밀집된 곳은 대개 역세권과 멀지 않으며 교통이 잘 발달해 있다.

　유명 의류나 은행, 대형마트 등의 편의시설 주변에 있는 점포는 고객이 쉽게 찾고 고객에게 자주 노출되는 장점이 있다. 하지만 해당 점포 주변에 같은 업종의 대형업체가 없는 곳이나 입점할 계획이 없는 곳이 유력한 입지 조건이다. 장사가 잘되고 있다 하더라도 자본과 고객 흡입력이 막강한 대형업체가 들어오면 힘겨운 경쟁을 할 수밖에 없다.

　또 출근길보다 퇴근길 방향에 있는 곳이 좋다. 출근길에 있는 점포는 목적을 가지고 방문하게 되지만 퇴근길에 있는 점포는 여유 있는 구매 행동과 충동구매를 유발할 수 있다. 만나는 약속을 하는 경우도 퇴근길 동선에서 이루어질 가능성이 높다.

　주택지 상권이나 역세권 모두 코너 상가는 시선이 집중되고 출입구 접근이 쉬운 특색이 있다. 모서리 점포는 구하기도 쉽지 않고 구한다 해도 입점에 들어가는 투자 비용이 많이 드는 편이다.

　일반적으로 지대가 높은 곳보다 낮은 지역은 상권형성이 된 지 오래되고 교통이 편리하며 재래시장이나 대형할인점 등이 주로 위치하기 때문에 구매력이 높은 편이다.
　주택은 남향을 선호하지만, 상가는 북향이 좋다. 동향이나 남향은

햇볕을 오래 받지만, 서향이나 북향은 일찍 어두워져 조명효과를 빨리 볼 수 있기 때문이다. 특히 의류의 경우 자연광으로 연출할 수 없는 분위기를 조명 등으로 보강할 수 있기 때문에 조명발을 받아야 더 돋보인다. 이를 '간판효과'라고 한다. 대부분 업종이 북향을 선호하는 이유도 그 때문이다. 물론 반대인 경우도 있다. 노천카페는 볕이 오래 드는 장소가 유리해 대부분 남향을 선호한다.

모든 제품에는 '라이프사이클(생명주기)'이 존재한다. 짧게는 1, 2년에서 공산품의 경우는 수십 년 이상 긴 것도 있다. 제품 이외 상권에도 라이프사이클이 존재한다. 새로 형성된 상권인지, 발전하고 있는 상권인지, 아니면 쇠퇴하는 상권인지 그 상권의 라이프사이클이 어디에 있는지 확인하고 입지를 선정해야 한다. 새로 형성된 상권은 아직 검증이 안 돼 불안한 부분이 있는 반면, 성숙기 상권은 경쟁이 심하고 임대료가 높으며 이익률이 낮아지는 경향이 있다. 이에 반해 성장기 상권의 점포는 일반적으로 매출이 높은 편이다.

대규모 아파트단지의 큰 소비는 중심상권에서 주로 일어난다. 1,000세대가 넘는 독립단지인 경우, 중심상권에 많은 고객을 빼앗기므로 실제 구매력은 300~400세대 정도밖에 되지 않는다.

권리금은 점포에 포함된 무형의 재산권으로 현 세입자와 임차를 원하는 사업자 사이에 거래되는 대금을 말한다. 임대보증금은 특별한 이유가 없는 한 계약 종료와 함께 건물주로부터 받아 나갈 수 있지만, 권리금은 영업상황이나 경기변동, 도시계획, 및 건물주 등의 상황에 따라 유동적이다. 권리금은 입점 시의 권리금 액수보다 훨씬 좋은 조건으로 받을 수도 있는 무형의 재산권이지만, 최악의 경우 회수가 어려울 수도 있다. 권리금이 주변보다 낮거나 없으면 창업자들은 일단 조심해야 한다. 권리금이 없는 점포는 일반적으로 장사가 안 되는 점포라고 봐야 한다. 특히 장사를 처음 시작하는 창업자의 경우 이런 점포는 피하는 것이 바람직하다.

점포 주변에 노점상이 많은 곳이 좋다. 노점상이 많다는 것은 유동인구가 많고 목이 좋다는 증거이다.

좋은 입지는 매물이 나와도 거래가 쉽게 이루어진다. 반면 빈 점포가 많으면 손님이 끊어지고 주변 점포까지 장사가 잘 안된다고 오해를 받는다. 실제 빈 점포가 속출하거나 임대가 속히 이루어지지 않는 곳은 장사가 안되는 것을 반증하는 것으로 봐도 무방하다.

② 불량한 입지

유동인구가 많다고 꼭 좋은 것은 아니다. 유동인구가 많다는 것은 점포의 임대료나 권리금이 많다는 것을 의미한다. 높은 권리금에도 불구하고 장사가 안되면 좋은 점포가 아니다. 가령, 설렁탕이나 곰탕을 파는 식당 앞에 그런 음식을 잘 사 먹지 않는 학생들이 많이 지나다닌다면 그곳은 좋은 입지라고 볼 수 없다. 설렁탕집이 아니라 분식집이라면 또 상황은 달라진다.

대로변이라도 도로 차선이 왕복 6차선 이상이거나 중앙차선이 있는 경우 도로를 중심으로 상권이 나뉘는 경향이 있다. 이런 입지의 외식 점포는 높은 임대료에 비해 매출이 높지 않을 수 있다. 차선이 많은 대로변에는 주로 금융기관이나 커피전문점이 입점하는 경향이 있으며, 음식점의 경우 대형업체가 입점함으로써 일정 지역 전체를 커버하기도 한다.

일방통행 도로는 도로 폭도 좁고 자동차가 한 방향으로 흐르기 때문에 사람들이 도로를 이용할 때 심리적으로 불안감을 준다. 그나마 자동차가 가는 방향으로는 사람들이 같이 움직이기 때문에 유동인구가 있을 수 있지만, 반대 방향의 점포는 유동인구가 적고 접근성이 떨어져 매출이 낮을 수 있다. 점포 인근에 식당이나 영화관 및 기타 편의시설이 없는 지역에 있는 점포가 무난하다. 영화관이나 대형마켓과 같은 집객시설이 있는 곳에서는 다양한 구매가 이루어지므로 유동인구의 효과를 볼 수 있지만, 그렇지 못한 입지의 경우 사람들이 구체적인 목적을 가지고 이동하기 때문에 구매력이 전반적으로 떨어질 뿐 아니라 충동구매에 인색한 경향이 있다.

주변 점포의 간판이 낡거나 퇴색된 점포가 있는 곳은 피하는 것이 좋다. 장사가 안될수록 투자에 인색하고 주변을 돌아볼 여유가 없다. 간판이 낡거나 인테리어 등이 퇴색된 점포가 많다는 것은 그곳 상권이 활기를 잃고 매출이 줄고 있다는 증거이다.

신도시나 신축건물들은 대개 바닥권리금이 있고, 일정 수준까지 매출이 오르려면 어느 정도의 시간이 걸린다. 신도시의 경우 일정 시간까지는 집객시설은 물론이고 교통 등 편의시설이 갖춰지지 않기 때문에 기존에 활성화된 상권에서 일정 기간 구매를 하는 경향이 높게 나타난다. 상가를 구입해 장사를 하거나 장사에 경험이 없는 창업자의 경우 피하는 것이 좋다.

또 임대료가 낮으면 오히려 입점이 잘 안 될 수 있다. 또 권리금이 없거나 지나치게 낮은 점포는 임차인이 손해를 보더라도 빨리 비우는 게 낫다는 판단을 내린 경우이다. 오랫동안 비워둔 점포 역시 임차인이 바뀔 때마다 장사가 잘되지 않았다는 것을 의미한다. 특히 처음 장사를 시작하는 창업자는 주변에 빈 점포가 많은 지역은 가능한 피하는 것이 좋다.

경사가 지거나 점포의 위치가 지면에서 다소 높은 곳은 고객이 꺼리는 경향이 있다. 그런 점포를 운영할 수밖에 없는 경우라면 점포와 지면을 자연스럽게 연결해 고객의 진·출입이 쉽게 꾸며놓아야 한다.

점포는 깊이보다 넓이가 중요하다. 점포는 옆으로 길수록 점포의 모양새가 좋아 보인다. 건물의 전면은 많이 노출될수록 고객에게 안정감과 여유를 제공할 뿐 아니라, 좋은 가시성과 세련된 모습을 연출할 수 있다. 특히 점포의 전면이 너무 좁아 평면간판이나 돌출간판의 설치장소가 충분히 확보되지 않을 경우 점포를 알릴 기회를 상실하게 된다.

주변 점포가 기술 위주의 업종 즉 세탁소, 지물포, 세차장 등이 있거나, 주로 저가상품을 취급하는 입지는 다른 점포들보다 평당 임대료가 낮거나 권리금이 없는 곳이 많다. 구매력이 낮고 구매액도 적기 때문에 같은 노력을 기울여도 수익이 낮은 곳이 대부분이다.

또 업종이나 점포의 주인이 자주 바뀌는 곳은 피하는 것이 좋다. 업종이 자주 바뀐다는 것은 다른 업종을 해봐도 투자와 노력에 비해 수익률이 낮다는 것을 의미한다. 이런 점포는 장사에 많은 경험이 있는 사업주도 높은 수익을 올리기가 쉽지 않기 때문에 처음 장사를 시작하는 사람은 가능한 한 피하는 것이 좋다.

◆ 상권과 입지 구분

구분	상권	입지
사전적 의미	상품이 유통되는 일정한 지역	인간이 경제활동을 하기 위하여 선택하는 장소
개념	점포에서 고객을 흡입할 수 있는 지역(Trading Area)	특정 장소가 점하고 있는 정적이고 한정적이고 공간적인 곳 (Location)
물리적 특성	대학가, 역세권, 아파트단지, 오피스 상권, 유흥가 상권, 먹자상권 등 비물리적 상거래 활동	평지, 도로변, 상업시설, 도시계획지구 등 물리적 시설
키워드	Boundary(면)	Point(점)
등급 구분	1차 상권, 2차 상권, 3차 상권	1급지, 2급지, 3급지
분석방법	경쟁력 분석, 구매력 분석	점포분석, 통행량 분석, 유동인구 분석
평가 기준	반경 거리 (예 : 250m, 500m, 1km)	권리금, 임대료

③ 유동인구 분석

유동인구 분석은 입지 선정의 기본이며 수요예측의 근간이 되는 가장 실질적이고 중요한 작업의 하나이다. 유동인구 조사는 언제, 누가, 얼마나 내 점포 앞을 지나다니는지를 체크하는 것이다. 기존 영업뿐 아니라 창업에도 가장 중요한 기초자료가 되기 때문에 기존 사업자나 창업자가 인내심을 갖고 직접 체크해야 한다. 유동인구 분석은 성별, 연령별, 시간대별, 요일별로 정확하게 조사해야만 창업 아이템의 '내 고객'을 알 수 있는 기초자료로 활용될 수 있다.

유동인구 작성방법

- ☑ 업종의 주 영업 시간대를 중심으로 작성한다.
- ☑ 같은 시간대에서 10분씩 체크하여 비교한다.
- ☑ 주말과 요일별 조사는 최소 2회 이상 실시한다.
- ☑ 고객의 수가 피크를 이루는 시간대에, 시간당 '내 고객 수'를 정확하게 파악한다.
- ☑ 경쟁업소도 같은 방식으로 조사해서 분석한다. 동일업종의 매출을 파악함으로써 내 사업장의 매출과 이익을 분석하고 설정하는 비교 자료로 활용한다.

④ 구매력 분석

실질 구매력을 파악하는 것이 상권분석의 백미라 할 수 있다. 실질적인 구매력 분석은 내 물건을 사줄 진성고객, 즉 '내 고객'을 파악하기 위한 행위를 말한다. 예를 들어 '불소치약'과 '미백치약'을 판매한다고 할 때 서로의 마케팅 방법이 다를 것이다. 불소치약은 노인층이 많은 지역의 구매력이 높을 것이고 미백치약은 신혼부부나 젊은 층이 많이 사는 지역이 잘 팔릴 것이다. 유동인구나 배후단지가 발달해 있어도 젊은 층이 적고 중장년층이나 노인층이 많은 곳에서 미백치약을 판다면, 그 사업은 많은 투자를 했음에도 매출이 그렇게 높지 않을 것이다. 그곳에 사람은 많아도 내 고객이 적기 때문이다.

실질 구매력을 알기 위해 해당 업종에 대한 지식과 경험 및 꾸준한 노력이 필요하다. 오랫동안 사업을 한 사람들도 '내 고객'을 잘 몰라 어려움에 처하는 일이 적지 않다. 그것은 지나치게 감(感)에 의존하기 때문이다. '감'은 사업자의 직관을 말하는데 물론 이것은 사업에 없어서는 안 될 중요한 요소이다. 자신의 감 50%, 업종에 따른 명확한 매뉴얼에 따른 분석 50%를 합할 때 좀 더 구체적인 실질 구매력을 알 수 있다. 한 업소 사장은 과거 음식점을 창업하면서 유동인구와 구매력 분석을 소홀히 한 것이 실패의 단초가 되었다고 했다. 얻으려는 점포 앞을 많은 사람이 지나다니고 점포가 대로변에 있어 계약했는데 막상 장사를 시작하고 보니 목표 고객인 중산층이 거의 없었다고 했다. 5%의 고소득층과 70~80%의 저소득층 그리고 10%의 극빈층으로 구성돼 있어 실질 구매력은 전체 가망고객의 10%도 되지 않았던 것이다.

◆ 외식업소 사업장 분석 사례

구분	분석 내용
수익 및 제반 비용	• 2022년 월평균 매출 4,230만 원으로 업계 평균보다 높은 편임 • 임차료(9.3%)와 인건비(10.7%)가 상대적으로 낮은 반면, 매출원가가 매우 높음(51.3%)
사업장 내·외부 시설 및 환경	• 주차가 편리 • 뒷공간이 넓어 단체 회식에 유리 • 살림집이 옥탑에 있어 문제 발생 시 대처 용이
고객특성	• 상권 내 매출로 이어지는 고객은 잠재고객의 10% 미만이며, 외지고객이 많음 • 해당 점포의 입지가 고밀도주택지역임
마케팅	• 잠재고객들을 유인할 수 있는 신메뉴가 필요함 • 단체고객을 끌 수 있는 마케팅이 요구됨

SWOT 분석

SWOT 분석은 해당 업종의 내부환경이 지닌 강점과 약점을 발견하고 외부환경의 기회와 위협을 찾아내, 강점은 살리고 약점은 보완하며 기회는 활용하고 위협은 억제함으로써 마케팅전략을 수립하는 도구이다.

◆ SWOT 분석의 목록 사례

Strength(강점)	Weakness(약점)
• 높은 시장점유율	• 낮은 시장점유율
• 충성도 높은 고객	• 낙후된 설비·인테리어
• 좋은 입지	• 낮은 수익성
• 강한 상표명	• 신메뉴 개발능력 부족
• 실력 있는 셰프	• 불리한 입지
• 낮은 원가	• 낮은 브랜드 인지도
• 높은 생산성	• 소통 부재
• 높은 신제품 개발 능력	• 마케팅 능력 부족
• 사업자의 높은 창의성	• 차별성 없는 맛
• 조직의 높은 소통력	• 소통 부재
• 구성원의 혁신과 도전정신	• 구성원의 변화와 혁신 정신 부재
• 견고한 재무능력	• 낮은 재무능력

Opportunity(기회)	Threat(위협)
• 새로운 시장 등장	• 저성장 경제구조
• 높은 경제성장률	• 경쟁 심화
• 소상공인 지원제도	• 시장성장률 둔화
• 경쟁기업의 퇴출	• 충족되지 않는 욕구
• 새로운 고객 집단 출현	• 높은 변상률
• 유리한 정책, 법규, 제도	• 원가 상승
• 유리하게 도시계획 변경	• 대체재 진입
• 수직적 통합(후방&전방)[4]	• 넓은 범위 제품

SWOT 분석의 4가지 마케팅 전략

내·외부환경분석의 결과를 바탕으로 아래 4가지를 고려하여 강점은 살리고, 약점은 보완하며, 기회는 활용하고, 위협은 억제하는 마케팅전략을 수립한다. SWOT은 'SO전략/ST전략/WO전략/WT전략' 등 4가지로 구성되어 있다.

내부환경 외부환경	Strength(강점)	Weakness(약점)
Opportunity(기회)	SO전략 강점을 부각해 새로운 기회를 활용하는 전략	WO전략 약점을 보완하여 시장기회를 살리는 전략
Threat(위협)	ST전략 강점으로 시장의 위협을 회피하거나 최소화하는 전략	WT전략 위협을 회피하며 약점을 최소화하는 전략

---

4) 후방통합 : 외식업체에서 채소를 직접 재배하는 형식으로 원재료 공급처를 직접 운영하는 것
전방통합 : 육류 수입상이 직접 식당을 인수하거나 점포를 개설해 운영하는 것

◆ SO전략

SO전략은 강점을 부각하여 기회를 살리는 전략으로, 외식업체의 강점과 시장의 기회를 결합하여 점포를 확장하거나 신시장을 개척하는 등의 공격적으로 사업을 운영하는 전략이다. 가령, 지역적 특성을 살린 좋은 상권이나 입지가 생성되고 해당 아이템에 대한 사업자의 경험과 창의력이 풍부하면 신시장 개척의 좋은 기회로 삼을 수 있다.

◆ ST전략

ST전략은 강점을 가지고 시장의 위협을 회피하거나 최소화하는 전략이다. ST전략에는 인지도 강화, 메뉴 개발 등과 음식과 서비스의 질을 높임으로써 경쟁에서 벗어날 수 있다.

◆ WO전략

WO전략은 업체의 약점을 보완하여 기회를 살리는 전략이다. 가령 사업자가 음식의 맛을 내는 데는 탁월하지만 고객과의 커뮤니케이션 능력이 떨어져 고객 불만이 다수 발생하는 경우, 붙임성이 좋고 사람들과 대화하기를 좋아하는 매니저를 업장 내에 배치함으로써 사업자의 역량 부족을 보완할 수 있다. 피터 드러커 교수도 "하지 말아야 할 것을 효과적으로 하는 것만큼 쓸데없는 일은 없다"고 말했듯이, 약점을 살리는 노력보다는 강점 즉 기회에 중점을 두는 전략이 중요하다.

◆ WT전략

WT전략은 약점을 보완하면서 위협을 회피, 최소화하는 전략이다. WT전략의 대표적인 것으로는 원가 절감, 사업축소 및 철수전략 등이 있다. 가령 3개의 음식점 고기류, 한정식집, 돈가스집을 운영하는 경우 고기를 파는 음식점의 판매가 부진하여 적자가 누적되고 회복의 기미가 안 보이는 경우 잘 되는 아이템으로 바꾸거나 점포를 없애는 방법 등이 이에 해당한다.

◆ 외식업소 SWOT 분석 및 전략 사례

내부환경요인 외부환경요인	강점(Strengths) • 다년간의 사업 경험 • 가족이 함께 운영 • 배우려는 자세 • 다수의 방송 노출 • 낮은 임대료	약점(Weaknesses) • 높은 매출원가 • 촉진전략 부재 • 인테리어 노후 • 운영 매뉴얼 부재 • 직장 고객 감소
기회(Opportunities) • 상권의 활성도 높음 • 직장인 많음 • 소상공인컨설팅 및 금융지원	S/O(강점-기회)전략 • 메뉴 개발 • 직장 고객을 흡입할 수 있는 판촉 • 점포운영 능력 제고 • 교육 마련	W/O(약점-기회)전략 • 운영 매뉴얼 마련 • 촉진전략 마련 • 손익계산서 분석 능력 함양 • 인·익스테리어 개선
위협(Threats) • 창업자의 17.3%가 외식시장에 진입 • 경쟁 심화로 판매가격 고착화 • 소비 트렌드 급속변화	S/T(강점-위협)전략 • 자신 있는 메뉴 개발 • 창의적 아이디어로 차별화 • 정기적인 고객만족도 조사	W/T(약점-위협)전략 • 신규고객 찾기와 기존 고객 유지전략 도모 • 영업형태의 변화 • 주고객 상권 탐색

사업타당성 분석

　사업타당성 분석은 사업자의 사업수행능력과 적합성을 비롯한 "시장성·기술성·수익성·위험성 정도"를 분석하고 평가하는 것을 말한다. 즉 사업자가 사업 관련 사항들의 세부적인 검토를 통하여 성공 가능성을 분석하고 앞으로의 사업 방향을 제시하는 것으로, 한 마디로 '돈'이 되는지를 알아보는 과정이다.

　사업타당성 분석은 "창업자의 적합성 및 수행능력평가→시장성 분석→기술성 분석→수익성 분석" 순으로 진행한다. 사업타당성 분석은 사업 시행 전에 사업의 성공 여부를 파악하거나 사업 중에라도 해당 업종의 사업성을 평가하기 위해 할 수 있다.

사업타당성 분석	내용
1. 사업자의 적합성 및 수행능력평가	사업자의 적성, 관심과 흥미, 경험, 리더십, 창의력 등
2. 시장성 분석	시장동향·경쟁관계 분석 → 수요예측 → 판매가격 및 수량분석 → 매출액 추정

3. 기술성 분석	기술 동향 및 전망 → 보유기술 수준 분석 → 생산계획검토 → 원가 및 비용 산출
4. 수익성 분석	매출액 분석 → 투자 비용 및 원가 분석 → 추정손익계산서 작성 및 손익분기점 분석

사업자의 적합성 및 수행능력 평가

　창업의 성공과 실패는 창업자의 역량에 달려 있다고 해도 과언이 아니다. 앞에서도 언급했듯이 우선 그 일이 창업자의 적성에 맞느냐가 가장 중요하다. 적성이 맞을 때 업무수행능력 또한 배가되는 것을 볼 수 있다. 기존 사업자의 경우뿐 아니라 창업자도 자신의 업무 결과와 적합성은 불가분의 관계가 있으므로 사업자와 업종과의 적합성 분석은 향후 사업을 확장 또는 축소하는 데 적지 않은 영향을 미친다. 평가요소가 절대적은 아니지만, 본인 스스로 체크함으로써 사업 타당성 분석에 지표로 삼을 수 있다.

사업자의 적합성 및 수행능력 평가 :
사업자의 적성, 관심과 흥미, 경험, 리더십, 창의력 등

☑ 외식업에 재미나 흥미를 가지고 있는가?

☑ 다른 사람들이, 사업자가 지금 하고 있는 일을 잘한다고 생각하는가?

☑ 일할 때 보람을 갖게 되는가?

☑ 외식업에 의지와 열정이 있는가?

☑ 외식업에 리더십을 발휘할 수 있는가?

☑ 외식사업에 대해 학습이 돼 있는가?

☑ 외식 분야에 경험이 있는가?

☑ 충분한 OJT(On-the-Job-Training, 직무교육)는 하였는가?

☑ 업무분장을 스스로 할 수 있는가?

☑ 일에 대해 조언해 줄 멘토나 코치가 있는가?

☑ 종업원을 구성하고 통제하며 조정할 준비는 되어있는가?

☑ 고객은 물론 종업원과 소통할 준비는 되어있는가?

☑ 외식업소의 재무적 지표들을 관리할 능력이 있는가?

☑ 소비 트렌드를 파악할 능력이 있는가?

☑ 고객에 대한 서비스 창출 능력이 있는가?

☑ 차별적인 신메뉴를 만들 창의력이 있는가?

시장성 분석

시장성 분석은 제품이나 서비스의 시장수요를 분석함으로써 누가 얼마를 사줄지, 즉 매출액을 분석하는 것을 말한다. 매출액을 산정하기 위해서는 사업 아이템과 관련된 전체 시장의 동향과 규모, 경쟁관계, 수요예측 등의 분석 활동이 요구된다.

시장성 분석의 기본이 되는 수요예측은, 발견된 시장을 세분화하여 목표시장을 선정하고 그 목표시장을 계량화할 수 있는 자료를 조사·분석하여 판매량을 추정하는 것을 말한다.

외식업의 경우, '소상공인컨설팅시스템'의 상권 분석 내용을 토대로 같은 상권에 있는 비슷한 입지의 점포 평균 매출액을 참고로 하거나 유동인구 조사표를 만들어 가망고객 수를 활용할 수 있다. 또 경쟁 점포의 고객 수를 참고하여 수요를 예측할 수도 있다. 실제 수요예측을 얼마나 정확하게 하느냐에 따라 사업타당성 분석의 신뢰성이 결정된다.

시장성 분석은 시장동향 분석→경쟁관계 분석→수요예측→판매가격 및 수량 분석→매출액 추정→판매전략 수립 순으로 진행한다.

시장성 분석 :
시장동향 분석 → 경쟁관계 분석 → 수요예측
→ 판매가격 및 수량 분석 → 매출액 추정 → 판매전략 수립

---

① 전체 시장의 동향, 전망 및 규모 분석

☑ 전체 시장의 규모

☑ 소비자의 구성 및 분포 현황

☑ 시장의 세분화

☑ 경쟁 제품의 특성

☑ 시장변화 추세

☑ 원재료의 유통경로

② 경쟁 관계 분석

☑ 경쟁 제품과 자사 제품의 강·약점 비교분석

☑ **경쟁사 현황**(영업실적, 가격, 입지특성, 재무적 상황 등) **분석**

☑ 동종업계 분석

☑ 대체재 출현 동향

☑ 시장 특성 및 구조

☑ 포지셔닝 맵[5]으로 비교분석

③ 수요예측

☑ 경쟁업체의 고객 수, 회전율 및 객단가

☑ 점포 앞 성별, 인구별 유동인구

☑ 주거형태별 분포 현황

☑ 상권별 해당 업종 평균 매출 및 이용 건수

☑ 상권별 요일·시간대별 매출 현황

☑ 상권별 직장인 수

☑ 전국·지역·상권별 해당 업종 추이 분석

5] 포지셔닝 맵은 서로 관련이 있는 제품들이 시장 내에서 차지하고 있는 위치를 시각적으로 나타낸 그림을 뜻함

④ 판매가격 분석

판매가격 분석은 판매가격을 산정하고 판매량을 추정한다. 가격 결정은 가격의 근거를 어디에 두느냐에 따라서 비용 중심의 가격 결정방법, 소비자 중심의 가격 결정방법, 경쟁자 중심의 가격 결정방법 등으로 나눌 수 있다.

비용 중심적 가격 결정방법(Cost Based Pricing)

메뉴를 만들고 판매에 들어가는 제반 비용을 충당하고 목표이익을 낼 수 있는 수준에서 가격을 결정하는 방법이다. 이 방법은 비용과 이윤의 합산 방법에 따라, 비용가산방식에 따른 가격 결정, 가산이익률에 의한 가격 결정, 목표투자이익률에 따른 가격 결정 및 손익분기점 분석에 따른 가격 결정 등이 있다. 외식업체는 주로 얻고자 하는 목표이익을 총비용에 가산함으로써 가격을 결정하는 비용 가산에 따른 가격 결정방법이나 손익분기점 분석방법을 주로 사용한다.

소비자 중심적 가격 결정방법(Consumer Based Pricing)

목표시장에서의 메뉴에 대한 평가와 그에 따른 수요를 바탕으로 가격을 결정하는 방법이다. 이 방법은 소비자가 평가한 메뉴의 지각된 가치를 측정하는 방법에 따라서 직접평가법, 직접지각가치평가법, 진단적 방법 등으로 나누어진다. 외식업체에서는 '직접가격평가법'을 주로 활용하는데, 가령 소비자에게 메뉴를 보여주고 먹어보게 한 후 적정가격을 답하게 하는 방법이다.

경쟁 중심적 가격 결정방법(Competition Based Pricing)

동일한 상권에서 경쟁자들과 비교해 음식의 품질이 유사하고 비용구조가 비슷할 경우, 메뉴의 가격을 경쟁자들과 동일하거나 비슷한 가격으로 결정하는 방식이다. 이 방식은 시장가격에 따른 가격 결정방법과 경쟁입찰에 따른 가격 결정방법이 있다. 외식업소들은 시장가격에 따른 가격 결정방법을 채택하는 것이 일반적이다. 시장가격에 따른 가격 결정방법은 창업자의 비용구조나 수요보다는 경쟁자의 가격을 보다 중요하게 생각하며 그들과 동일하거나 비슷한 수준에서 가격을 결정한다.

⑤ 매출액 추정과 ⑥ 판매전략 수립은 3장 전략적 목표관리에서 다루기로 한다.

🗒 기술성 분석

제품이나 서비스의 생산에 필요한 물적·기술적 요소를 파악하고 관련 원가와 비용을 추정하는 작업으로 기술적 타당성 평가와 원가 추정 등을 위한 필수적인 분석이다. 기술성 분석은 기술 동향 및 전망→보유기술 수준 분석→생산계획검토→원가 및 비용 산출 순으로 진행한다.

기술성 분석 :
기술 동향 및 전망→보유기술 수준 분석
→생산계획검토→원가 및 비용 산출

----

① 기술 동향 및 전망

음식 품질 및 기술의 동향, 수준, 경쟁기술 현황, 기술의 장래성 등을 파악하는 것이다. 가령, "최근 유행하는 메뉴는, 맛의 특징은, 조리 방법은, 모양과 색상은?" 등에 답하는 형식으로 분석한다.

② 보유기술 수준 분석

기술적 타당성을 분석하는 것으로서 기술의 유용성, 경쟁력, 장래성 등을 분석한다. 가령, "창업자의 기술은 어느 정도의 수준인가?" 로 물을 수 있다.

③ 생산계획검토

주요 시설계획 및 시설 상호 간의 효율성과 균형 여부, 인원계획, 재료계획 등을 검토한다. 가령, "시설비용과 운영 비용은 얼마인가?" 에 답하는 형식으로 진행한다.

④ 원가 및 비용 분석

직접비, 간접비, 판매량 등을 분석한다. 가령, "순댓국의 원가와 비용은 얼마인가?" 등으로 질문한다. 직접비용은 음식을 만드는 데 직접 투입된 비용으로 재료비, 상품비 등이며, 간접비용으로는 인건비, 임차료, 수도광열비, 연료비 등이다.

 **수익성 분석**

　사업 아이템에 대한 경영자의 역량과 수행능력, 시장성 및 기술성 분석 결과 사업성이 있다고 판단이 될 때 구체적인 수익성 분석을 실시한다. 해당 사업에 대한 수익성 평가는 사업을 하여 얻을 수 있는 미래의 현금흐름이 사업을 하는 데 소요되는 투자액보다 얼마나 많은지를 분석하는 것이다. 수익성 분석은 매출액 분석→투자 비용 및 원가분석→추정손익계산서 작성→손익분기점 분석 순으로 진행한다.

수익성 분석 :
매출액 분석→투자 비용 및 원가 분석→추정손익계산서 작성→손익분기점 분석

---

① 매출액 분석

　시장성 분석 결과에 기초하여 향후 매출액을 추정하는 것으로 매출액 추이 및 판매목표를 토대로 분석한다. 가령 "매출액은 얼마가 될 것인가?"에 답을 하는 형식이다. 매출액 자료가 나와야 생산시설의 규모는 물론 인원이나 조직의 배치 및 자금의 규모를 결정할 수 있다.

② 투자 비용 및 원가 분석

　원부자재를 근거로 한 제조원가와 판매비 및 일반관리비를 분석한다. 가령, "돈가스의 원가는 얼마인가?" "점포 유지비용은 얼마나 되는가?"에 답하는 형식이다.

③ 추정손익계산서 작성

추정매출액에 의한 매출원가, 운영비 예산에 의한 판매비와 일반
관리비, 타인자본에 대한 이자 비용 등을 가감하여 경상이익을 산출
한다. 가령 "얼마나 돈을 벌었나?"를 나타낸다. 손익계산서와 손익분
기점은 3장 전략적 목표관리에서 자세히 다루도록 한다.

◆ 손익계산서 항목 및 작성방법

구분	계산식
①매출액	①
②매출원가	②
③매출총이익	①-②
④판매관리비	④
⑤영업이익	④-③
⑥영업외 비용	⑥
⑦경상이익	⑦-⑥

④ 손익분기점 분석

손익분기점이란, 일정 기간의 매출액과 그 매출을 위해 실현한 모
든 비용이 일치되는 점으로 손익분기점 이상의 매출을 올리면 총수
익의 증가로 인해 이익이 발생하며 판매량이 그 이하이면 총비용의
증가로 인해 손실이 발생한다. 손익분기점 분석을 위해서는 발생하는
총비용 가운데 매출액 증감과 상관없이 일정하게 발생하는 고정비와
매출액의 변동에 따라 발생하는 변동비를 정확히 구분해야 한다. 좀

더 정확한 분석을 위해서 현실적으로 매월 발생하는 월별 손익계산
서를 참고로 분석하는 것이 효과적이다. 손익분기점 분석은 손실이
발생하지 않는 최저 한계 매출액을 알게 됨으로써 경영 개선은 물론
비용의 정확한 분석을 통한 수익 확대에도 많은 도움이 된다.

◆ 손익분기점 산출 방법

- ☑ 손익분기점 = X
- ☑ 일정 기간의 고정비 = F
- ☑ 동 기간의 매출액 = S
- ☑ 동기간의 변동비 = V

손익분기점 = [고정비÷(1−변동비÷매출액)] 즉 $X = [F ÷ (1 − V ÷ S)]$

◆ 손익분기점 산출 예시(치킨 전문점)

- ☑ 월 매출액 : 1천500만 원
- ☑ 당월 총지출 비용 : 1천만 원
- ☑ 재료 구입비 : 600만 원
- ☑ 인건비 : 150만 원
- ☑ 임대료 : 150만 원
- ☑ 포장 및 잡비 : 100만 원

*고정비 : 300만 원(인건비+임대료), 변동비 : 700만 원(재료구입비+포장 및 잡비)

손익분기점 = [300만 원÷(1−700만 원÷1천5백만 원)] = 563만 원

성공에 대한 비밀은 따로 존재하지 않는다.
그것은 바로 준비, 근면성, 실패로부터의 배움이다.

– 콜린 파월

2장

전략과제 도출 및
해결대안 수립

작은 조직이든 큰 조직이든 문제가 없는 곳은 없다. 항상 우리 곁에는 크고 작은 문제가 있으며 그 문제를 해결하는 것이 조직 활동이고 기업경영이며 점포운영이다. 외식업소도 예외일 수 없다. 문제를 해결하느냐 그대로 안고 가느냐에 따라 장사의 성패가 갈린다. 또 문제는 하나만 있는 것이 아니다. 하나의 문제를 풀면 또 다른 문제가 발생한다.

외식업체에는 매출 감소, 구매단가 인상, 직원 이탈, 자금 부족, 세금부과, 회계처리 등 해결할 문제가 산적해 있다. 이런 문제들을 해결하기 위해서는 문제의 원인을 파악해야 한다. 외식업주는 제반 문제를 검토·분석하여 문제의 원인인 '문제점'을 도출한 후, 그 문제점에 대한 해결 대안 즉, '문제해결방안'을 마련해 수익창출의 기회로 삼아야 한다.

문제해결 :

문제 도출→ 문제점(원인) 파악→ 전략과제도출→ 해결대안 마련

문제와 문제점

'문제'

　외식업주와 종업원들 모두 자신들 사업장의 당면 문제와 문제점을 자주 혼동한다. '문제'란 어떤 일의 나타난 결과를 의미한다. 현재의 상태와 바라는 것, 즉 목표와 실적과의 차이(gap)가 문제이다. 가령 내 점포의 10월 매출목표를 5천만 원으로 정했는데, 마감 결과 매출이 4천만 원밖에 벌지 못했다면 목표액과 실제 매출액의 차이인 1천만 원이 문제다. 다시 말해, 현재의 상태(As-Is)는 현재 일이 진행되고 있는 상황을 말한다.(4천만 원) 실제 현재 모습, 결과로 나타난, 예기치 못한 상황이라 할 수 있다. 반면 바라는 상태인 목표(To-Be)는 자신이 얻고자 하는 바람직한 상태, 즉 원하는 결과를 의미한다.(5천만 원) 따라서 현재 4천만 원의 매출(As-Is)과 목표(To-Be)인 5천만 원의 차이인 1천만 원이 '문제'이다.

　사업자는 직원들과 머리를 맞대어 이 문제를 해결해야 한다. 매출을 3천만 원으로 올려서 현재의 목표와의 차이 1천만 원을 없애줌으로써 목표와 실적과의 차이가 0이 되게 하는 것, 즉 문제가 '0'이 되게 하는 것을 문제해결이라 한다. 사업주는 그 일을 해야 한다.

흔히들 묻는다. 사장은 무엇을 하는 사람이냐고. 한마디로, 사장은 조직의 존속을 위해 밀물처럼 몰려오는 문제들을 해결하는 사람이다.

'문제점'

문제점은, 문제가 발생하게 된 원인이다. 문제를 해결하기 위해 반드시 손을 써야 할 '어떤 조치의 대상'이 문제점이다. 우리가 여기서 간과해서는 안 될 것은 문제의 이유가 되는 모든 것이 문제점이 아니라는 것이다. 문제의 원인 가운데 당사자가 '대책'을 마련할 수 있는 것만이 문제점이다.

가령, 매출이 부진한 감자탕 전문점이 있다고 하자. 현재 그 업소의 '문제'는 매출 부진이다. 그 업소가 왜 매출이 부진한지 물었다. 그 이유로 "첫째 주변에 경쟁업체가 입점했기 때문에, 둘째 경기가 안 좋아서, 셋째 코로나19 때문에, 넷째 주변에 신도시가 생겨서, 다섯째 맛이 전과 달라져서"라고 대답했다고 하자. 다섯 가지 이유 중에 어떤 이유가 이 음식점의 매출이 부진한 문제점일까?

첫째에서 넷째 이유까지는 사업주로서 어찌할 수 없는 일이다. 다만 다섯째 이유인 '맛이 전과 달라진 것'은 노력 여하에 따라 해결책을 마련할 수 있다. 따라서 다섯째 원인이 대처가 가능한 문제점이다.

외식업 사장들에게 "매출 하락의 원인이 무엇이라고 생각하십니까?"라고 물으면, 대다수는 경기 부진, 혹서나 혹한, 명절, 휴가철, 경쟁점포의 입점 등등의 이유가 문제의 원인이라고 말한다. 그런것은 문제의 원인이 아니다. 실질적인 문제의 원인은 음식의 맛이나 서비스의 질의 하락, 마케팅의 부진, 고객과의 소통 부재, 청소·정리정돈 불량 등으로 대책 수립이 가능한 것들이 문제의 원인이다.

외식업체가 손을 쓸 수 없는 것은 문제점이 아니다. 문제와 문제점에 대한 명확한 이해가 경영진단의 핵심이며 장사를 하는 업주 입장에서도 문제해결의 지름길이다. 문제를 해결하는 것은 목표와 현재의 차이를 '0'으로 만드는 것이다. 즉 문제가 0이 되게 하는 것이 외식업 대표가 종업원들과 함께해야 할 일이다.

'문제해결'은 목표 수준과 현재의 수준을 동일한 수준으로
개선함으로써 문제의 크기를 '0'으로 만드는 것이다.

전략과제 도출 및 해결대안 수립기법

전략과제는 점포 운영과 관련하여 업주가 반드시 해결해야 할 문제를 말한다. 문제를 해결하려면 우선 문제가 무엇인지 정확히 정의하고 그 문제의 원인을 찾아야 한다. 외식업소의 문제와 해결대안을 도출하는 데는 여러 기법이 활용된다.

문제와 문제점을 찾을 때는 브레인스토밍 기법이나 로직트리 기법, 피쉬본 다이어그램 등을 활용한다. 또 '해결대안'을 도출할 때는 로직트리 기법이나 아이디어 창출 방법의 하나인 SCAMPER 기법을 활용할 수 있다.

- **문제의 원인 도출** : 브레인스토밍 기법, 로직트리 기법, 피쉬본 다이어그램
- **해결대안 도출** : 브레인스토밍 기법, 로직트리 기법, 피쉬본 다이어그램, SCAMPER 기법

브레인스토밍 기법(Brainstorming)

브레인스토밍은 몇 사람의 작은 집단이 한 가지 문제를 놓고 서로 창의적인 아이디어를 내는 일종의 학습도구이자 회의기법이다. 브레인스토밍은 문제해결을 위한 아이디어를 내기도 하지만 문제에 대한 원인을 밝혀내 해결해야 할 전략과제를 도출하는 데에도 활용할 수 있다.

이 기법은 2인 이상이 모여 자유롭게 의견을 전개하되 다른 사람이 제시한 의견에 대해 참가자 누구도 비판해서는 안 된다. 브레인스토밍은 일정한 시간 안에 모인 생각들에 대한 몇 번의 검토를 통해서 생각을 다듬어가는 효율적인 문제해결 기법이다.

브레인스토밍은 모든 권위나 책임, 고정관념을 배제하고 수용적인 자유로운 분위기 속에서 좋은 힌트나 아이디어를 찾아내 문제해결을 하는 것이다. 브레인스토밍은 광고회사(BBDO) 사장인 알렉스 F. 오스본이 1941년에 제안한 '아이디어를 내기 위한 회의기법'에서 비롯되었다.

◆ 브레인스토밍의 4가지 규칙

첫째, 타인의 아이디어를 비판하지 않는다.

다른 사람이 내놓은 아이디어에 대해 비난하거나 비판적으로 평가해서는 안 된다. 타인의 의견이나 생각, 아이디어에 대해 비판을 금하는 이유는, 누구든지 비판을 받게 되면 좀 더 건설적이고 미래지향적인 의견이 표출되기보다는 자신에게 실망하면서 모처럼 나오려던 아이디어도 급속히 사라지기 때문이다. 한 미국의 시험 결과에 의하면 비판이 있는 경우가 없는 경우보다 아이디어 생산성이 1/10 이하로 떨어진다고 한다. 따라서 다른 사람의 의견에 대해 비판보다는 격려와 지지를 보냄으로써 참여자들의 긍정적인 관계를 유지하며 문제해결을 위한 바람직한 아이디어를 창출할 수 있다.

둘째, 자유분방한 분위기가 보장되어야 한다.

아무리 우스꽝스러운 내용이라도 핀잔을 주거나 부정적인 말을 하면 많은 양의 아이디어가 나올 수 없다. 비판을 자제하며 자유롭게 의견을 개진하고 표출할 수 있어야 의외의 좋은 아이디어를 얻을 수 있다. 자유스러운 분위기는 우리의 두뇌를 자극해 깊은 곳에 있는 영혼에 불을 지핀다. 브레인스토밍 기법을 개발한 오스본은 엉뚱하고 기발한 아이디어는 자유분방한 분위기에서만 가능하다고 강조했다.

셋째, 아이디어는 많을수록 좋다.

브레인스토밍은 질보다 양이다. 아이디어의 양이 많아지면 그만큼 비례해서 좋은 아이디어가 나올 확률도 높다. 전설의 진주왕, 미키모토 고키치는 "나쁜 아이디어도 안 나오는 사람에게서 어떻게 좋은 아이디어가 나오겠는가. 먼저 나쁜 아이디어라도 좋으니 50개든 100개든 내어보라. 그때부터 시작된다."라고 말했다. 즉 많은 양의 생각들을 표출하는 동안에 기발하고 좋은 아이디어가 나온다.

넷째, 다른 아이디어에 촉매 역할을 한다.

이미 제안된 타인의 생각으로부터 다른 아이디어를 이끌어낼 수 있도록 한다. 이미 다른 사람이 낸 아이디어를 받아서 좋은 점을 결합하여 자기의 아이디어로 낼 수도 있다.

◆ 브레인스토밍 진행순서

① 주제는 구체적으로 정한다.

브레인스토밍의 주제는 판촉이벤트나 제품의 품질개선 등 가능하면 구체적이고 알기 쉬운 내용으로 정한다.

② 서로를 알아볼 수 있게 배치한다.

참가자 전원이 서로 얼굴을 볼 수 있도록 타원형이나 사각형 책상과 의자를 배치한다.

③ 전지와 포스트잇을 준비한다.

칠판에 포스트잇과 전지를 붙이든가 화이트보드 등을 준비한다.

④ 같은 직급이 바람직하다.

조원은 각각 다른 분야의 전문가로 구성하되 가능하면 같은 직급에 속한 사람들로 조를 구성한다.

⑤ 분위기메이커가 조장이 된다.

분위기를 잘 조성하는 사람을 리더(진행자)로 선출한다.

⑥ 서기는 리더가 임명한다.

리더는 서기를 지명하며, 서기는 발언을 전부 기록하고 키워드로
요약한다.

⑦ 리더와 구성원은 규칙을 준수한다.

리더와 구성원들은 브레인스토밍의 4가지 규칙을 준수하며 특히
리더는 규칙을 주지시킨다.

⑧ 많은 양을 도출한다.

일정한 시간 동안 많은 양의 아이디어를 산출한다.

⑨ 정리하여 발표한다.

정해진 시간이 되면 각 팀의 리더는 개진된 의견 모두를 팀 앞에서
발표한다.

⑩ 실현 가능성이 높은 안을 채택한다.

각 팀 리더의 발표 내용 중에 실현 가능성이 높다고 생각되는 내
용을 선정한다.

◆ 브레인스토밍의 활용범위

브레인스토밍의 활용범위는 매우 넓고 다양하다. 일본의 경우 품
질개선, 신제품 개발 등 기업이 당면한 문제를 해결하기 위해 활용되
기도 하고 학교에서 과학반 운영이나 해결해야 할 문제 등에 활용되
기도 한다. 그리고 정부 기관의 각종 정책회의 및 가족회의에 이르기
까지 각 분야에서 다양하게 쓰이는 회의기법이다. 브레인스토밍의 적

용 범위와 그 사례를 살펴보면 다음과 같다.

적용 범위

☑ 문제에 대한 근본 원인을 찾아 전략과제를 도출할 때

☑ 문제의 원인을 도출한 후, 그 문제의 해결방안을 찾을 때

☑ 문제 자체가 무엇인지 찾을 때

☑ 개선 활동을 정할 때

☑ 프로젝트의 단계별로 세부 계획을 세울 때

☑ 신제품 개발 등 창의적인 아이디어가 필요할 때

☑ 생산 공정이나 제품 또는 서비스에 대한 개선점을 찾거나 혁신 활동의 도구로 활용할 때

적용사례

☑ 홍보마케팅의 일환으로 판촉을 위한 고객이벤트를 실시하는 방법

☑ 경쟁우위를 확보할 수 있는 차별적 신메뉴 개발

☑ 점포 컨셉에 부합하는 인테리어 교체

☑ 원재료비 절감 방안

☑ 재료감모손 감소 방안

☑ 고객에 대한 서비스 개선 방안

☑ 세트메뉴 개발

- ☑ 사이드메뉴 개발
- ☑ 음식점 동선 개선
- ☑ 객단가 증대 방안

🧠 로직트리(Logic Tree)

로직트리는 이슈트리(Issue Tree)라고도 하며, 주어진 문제의 원인을 도출하거나 그 문제의 해결방안을 찾기 위해 어떤 하부의 과제들을 나무 모양으로 전개한다. '논리의 나무'라는 뜻으로, 어떤 주제나 문제를 나뭇가지 형태로 세분화하고 정리할 때 사용하는 도구이다.

세계적인 컨설팅 회사 '맥킨지'가 자랑하는 문제해결 기법의 하나로, 로직트리는 전략적 사고의 한 방법으로 큰 곳에서 작은 곳으로 논리적으로 접근하며, 사업자가 원하는 결과를 얻기 위해 활용하는 사고의 구체화와 아이디어 창출을 위한 기법이다. 경영자는 로직트리 기법을 통해 문제해결을 위한 각 단계에서 풀어야 하는 이슈, 즉 문제의 원인이 무엇인지 명확하게 알 수 있으며, 가설을 설정하고 검증하는 데 필요한 분석방법과 해당 이슈를 누가 해결할지 구체적으로 정할 수 있다. 그리고 논리적인 사고의 유연성이 높이고 문제해결 능력을 향상할 수 있다.

로직트리는 사고의 논리적 연결을 계속 이어나가기 위해 MECE 개념을 활용한다. MECE는 Mutually Exclusive Collectively Exhaustive의 약자로 항목들이 상호배타적이면서 모였을 때는 완전한 전체를 이루는 것을 말한다. 이를테면 '겹치지 않으면서도 빠짐없이 나눈 것'이라 할 수 있다. 또 결과에 대한 원인의 인과관계가 논리적으로 연결되어야 하며 로직트리를 나누는 기준은 2~4개 정도가 적당하다.

로직트리 기법 활용 시 고려요인으로 과제별로 다양한 각도에서 로직트리를 구성할 수 있는 사고의 유연성이 필요하다. 항목에 따라 접근하는 심도가 다를 수 있는데, 1, 2단계에서 막히거나 비슷한 내용이 반복될 때에는 다른 각도에서 시도해보는 것이 효과적이다. 그리고 문제의 원인이나 해결방안이 합리적으로 전개되었는지 다른 각도에서의 확인이 필요하다. 로직트리는 What Tree, Why Tree, How Tree 등이 있다.

로직트리 :

· What Tree · Why Tree · How Tree

◈ What Tree

과제나 현상에 대한 구성요소를 알아보거나 체크리스트를 작성할 때 사용한다. 초기질문은 "~의 구성요소는?", "~의 체크리스트는?"과 같이 한다.

◈ 사례 : 식당 매출에 관련된 구성요소를 알기 위해 What Tree 활용

◆ Why Tree

문제의 근본 원인을 찾을 때 사용한다. → 'Why So'

◆ 사례 : 외식업소의 영업 부진의 원인을 알기 위해 Why Tree 활용

◆ How Tree

문제의 원인에 대한 구체적인 해결방안을 수립하는 데 활용된다. 중요한 점은 해결방안이 구체적으로 실행에 옮길 수 있어야 한다.

◆ 사례 : 외식업소의 촉진활성화 방안을 도출하는 데 How Tree를 활용

피쉬본 다이어그램(인과도표)

피쉬본 다이어그램(fishbone diagram)은 문제의 근본 원인을 찾아 나가는 과정을 그림으로 표시하는 분석 도구로서 문제의 원인을 파악하기 위해 주로 활용한다. 생긴 모양이 마치 물고기의 뼈처럼 생겼다 해서 '피쉬본 다이어그램'이라 한다. 이 분석 도구는 일본의 품질관리 통계학박사 카오루 이시카와가 발명했다.

이 기법은 문제의 잠재적 원인을 순서대로 범주화하고 그 범주에 속하는 프로세스상의 문제점들(잠재적 원인)을 파악하기 위해 사용되기도 하고 원인과 결과를 확인하거나 예상과 결과치를 분석하기 위해서도 사용한다.

피시본 다이어그램의 적용은 브레인스토밍에서 도출한 아이디어를 정리해서 도식화하는 방법을 활용한다. 작성하는 과정은 다음과 같다.

① 도표의 오른쪽에 있는 상자 안에 해결하고자 하는 문제를 적는다. 그리고 왼쪽에서 시작해서 '문제'가 있는 곳까지 오른쪽으로 수평선(물고기의 등뼈 부분)을 긋는다.
② 문제의 원인을 찾기 위한 근본적인 원인을 발견하기 위해 참가자들이 브레인스토밍한다.
③ 잠재적 원인을 몇 개의 주요범주로 분류하고 그것들을 표의 아래나 위에 정렬시킨다. 그리고 주요범주에서 등뼈 부분까지 대각선을 긋는다. 이러한 선들이 피쉬본 도표의 기본 뼈대가 된다.
④ 각각의 주요범주와 관계가 있는 해결책을 도표에서 적절한 선(물고기의 가시뼈)을 따라서 배열한다.

이런 절차를 거쳐 도출된 문제의 근본 원인은 해결 대안을 만드는 데 기초자료로 제공된다.

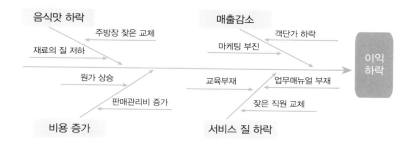

◆ 외식업소의 이익하락에 대한 피쉬본 다이어그램의 예

음식맛 하락
주방장 잦은 교체
재료의 질 저하
원가 상승
판매관리비 증가
비용 증가

매출감소
객단가 하락
마케팅 부진
교육부재 ← 업무매뉴얼 부재
잦은 직원 교체
서비스 질 하락

이익 하락

스캠퍼(SCAMPER)

스캠퍼는, 7개의 간단한 질문들로 구성된 매우 새롭고 참신한 아이디어 창출 방법으로 개인이나 조직의 당면과제를 해결하기 위해 활용된다. 스캠퍼는 브레인스토밍을 개발한 미국의 광고회사 사장 오스본의 체크 방법을 그의 제자 봅 애벌이 7가지로 재구성한 창의적인 사고기법이다.

스캠퍼 기법은 기존의 방법이나 메뉴를 개선하거나 전혀 다른 새로운 것을 만들어내는 데 요긴한 아이디어 촉진 질문법이다. 스캠퍼 기법은 고정된 사고의 틀에서 벗어나 다각적인 사고와 실험정신을 제공함으로써 새로운 아이디어를 생성하고 상상력을 활성화할 수 있도록 유도한다. 스캠퍼를 사용하기 위해서는 해결하고자 하는 문제(현 상황, 해결방법, 문제 내용, 사후처리, 학습 내용, 소요시간 등등)를 분리해야 한다.

그리고 문제의 각 단계에서 스캠퍼 질문을 하고 새로운 아이디어를 발견하며 그 내용을 검토하여 적용 여부를 결정한다.

이 기법은 여러 측면에서 다양한 사고를 유도한다. 가령, 신메뉴 제작의 경우 기존메뉴와 전혀 다른 형태의 메뉴보다 기존메뉴를 개선·보완하여 만드는 것이 일반적이다. 대다수의 새로운 메뉴나, 시스템 등이 기존의 토대 위에서 비롯된다는 것을 해당 업무에 임하는 조직원들에게 상기시키는 것이 중요하다.

문제를 해결하기 위한 구성원들은 이런 사고의 토대 위에서 스캠퍼 기법을 활용하여 각종 아이디어를 표출하고 접목함으로써, 새롭고 참신한 아이디어를 창출할 수 있다. 스캠퍼는 새로운 발명품을 만들어야 한다는 명제에서 벗어나 사고하는 방법을 다양하게 함으로써, 좀 더 쉽게 새로운 것을 접할 수 있다는 데 의의가 있다.

스캠퍼의 7가지 질문

① S : 대체(Substitute)하면?

② C : 결합(Combine)하면?

③ A : 응용(Adapt)하면?

④ M : 변형(Modify), 확대(Magnify)하면?

⑤ P : 다른 용도(Put to other uses)로 하면?

⑥ E : 제거(Eliminate)하면?

⑦ R : 뒤집기(Reverse), 재배열(Rearrange)하면?

◆ 스캠퍼 사례

① 대체(Substitute) : 'A 대신 B를 쓰면 어떨까?'

☑ 사람이나 사물을 대체하면 어떨까?

가마솥 대신 압력밥솥, 맷돌 대신 믹서기나 녹즙기로 대체. 부채 대신 선풍기, 선풍기에서 에어컨, 폴라로이드 카메라 대신 디지털 카메라로 대체. 등불, 촛불 대신 형광등 또는 LED 램프로 대체 등

☑ 현재의 용도를 다르게 변경하면 어떨까?

베이킹소다를 머리 감는 데 사용, 치약을 얼룩 제거하는 약품으로 대체

☑ 재료를 바꿔 보면 어떨까?

쇠젓가락을 나무젓가락으로, 콩으로 콩고기 만들기

☑ 성분을 바꿔 보면 어떨까?

팥빙수의 팥 대신 인절미 가루 사용

☑ 역할을 다른 사람으로 바꿔 보면 어떨까?

역할극, 청바지를 가방으로 대체

② 결합(Combine) : '기능을 합하면?' '혼합하면?' '아이디어를 조합하면?'

☑ A와 B를 결합해 새로운 짝짓기를 시도하면 어떨까?

TV와 휴대폰을 결합한 DMB폰, 전화기·TV·사진기·MP3·게임기

등이 결합한 스마트폰, 인터넷서비스(광랜+무선 인터넷+IPTV+전화 결합), 복합기는 '복사'와 '팩스', '스캔' 기능을 결합

☑ 비슷한 기능끼리 혹은 전혀 다른 성분끼리 섞으면 어떨까?
김칫독과 냉장고가 결합한 김치냉장고, 린스와 샴푸의 합체, 에어컨과 공기청정기 합체

☑ 낯설고 이질적인 단어끼리 결합하면 어떨까?
바퀴 달린 가방(가방+바퀴)

③ 응용(Adapt) : '과거의 것보다 발전시키면?' '과거의 것과 비슷한 것은?'

개구리 보호색을 이용한 전투복, 물의 낙차를 응용한 물레방아, 장미 가시 이용 철조망, 돌고래 초음파 응용한 초음파 진단기, 고양이 눈 응용한 야광 표지판, 주전자의 원리를 이용한 물뿌리개, 소형 비디오카메라를 실물화상기로, 조명 램프를 적용한 살균 램프, 온도계를 인체에 적용한 체온계, 페트병을 이용한 물 로켓, 물만을 이용한 무세제 세탁기, 태양 에너지를 이용한 전열판

④ 변형(Modify), 확대(Magnify) : '변형시키면?' '확대하면?' '축소하면?'

☑ 수정하기
밥버거, 구부러진 물파스, 옛날 가요 현대식 편곡, 컵라면, 엠보싱 화장지, 아이패드와 갤럭시 탭(컴퓨터와 노트북을 간소화)

☑ 확대하기

대형 TV, 대형 햄버거, 빅 사이즈 피자, 슈퍼 옥수수, 바람개비를 크게 하여 만든 풍차

☑ 축소하기

초소형카메라, 미니쿠키, 소형노트, USB 저장장치

⑤ 다른 용도(Put to other uses) : '다른 쓰임새는?'

돼지껍질로 콜라겐 팩, 녹차 팩, 주방기구를 난타 공연에 사용, 폐 스타킹을 모내기할 때 착용, 폐선박이나 비행기를 레스토랑으로 사용, 치약을 금속광택 연마제로 사용, 유모차를 노인용 지팡이와 바구니로 사용, 나무젓가락을 비녀로 사용, 가위를 주방용 가위로 사용, 전지가위, 스타킹을 보온용으로 사용, 껌으로 이빨 닦기

⑥ 제거(Eliminnate) : '자르고 없애면?'

튜브 없는 타이어, 무알콜 맥주, 디카페인 커피, 무가당 주스, 디지털카메라(필름 없음), 무선 키보드, 마우스, 칼날 없는 칼–레이저 칼, 무선 다리미, 씨 없는 수박, 내시경, 3단 접이 우산, 벽걸이형 얇은 TV, 소리를 작게 하는 자동차 소음기, 초소형 휴대폰

⑦ 뒤집기(Reverse) 또는 재배열(Rearrange) : '순서를 바꾸거나 반대로 해본다면?' '역할을 바꾸면?' '위치를 바꾸면?'

후륜구동에서 전륜구동, 누드김밥, 거꾸로 타는 보일러, 상표를 밖에 붙인 옷, 출퇴근 자유근무제, 냉동실을 하단에 재배치, 운전석을 왼쪽에서 오른쪽으로, 페달을 뒤로 밟아도 앞으로 가는 자전거, 병뚜껑이 아래에 있는 화장품 용기, 양말에서 손모아장갑을 창안, 장갑에서 발가락양말을 창안, 앞에 있던 버스의 엔진을 버스 뒤쪽으로, 늘어나는 스프링 성질을 바꿔 만든 줄어드는 압축 코일 스프링

문제해결을 위한 단계별 접근방법

　문제가 드러나고 그 원인을 알았으면 전략과제를 도출하고 해결대안을 마련해야 한다. 문제에 대한 해결책 마련이다. 병원에서 말하는 처방전이다. 수술해서 환부를 도려낼 것인지 간단한 시술을 할 것인지, 아니면 약을 복용하거나 간단한 운동만으로 치료가 가능한지 결정해야 한다. 아래는 추어탕 전문점의 수익성 하락에 대한 전략과제 도출 및 해결대안 사례이다.

문제와 문제 내용 분석

문제	문제의 내용
매출 감소	메인 음식인 추어탕과 추어튀김의 매출이 2022년 7, 8월부터 하락하기 시작하여 2023년 6월 현재 15%, 30%씩 감소하여 회복되지 않고 있음.
고객 수 감소	고객 수는 2023년 6월 현재 전년 동기 대비 15% 감소한 상태임

객단가 하락	객단가는 2022년 상반기에 비해 20%, 전년 동기 대비 30% 이상 하락한 상황임.	
재료비 인상	원재료인 미꾸라지 구매가격이 전년 동기 대비 30% 상승했으며, 부재료도 15% 상승했음.	
인건비 인상	인건비는 전년 동기 대비 10% 인상된 상황임.	

내·외부 원인(문제점) 분석

문제	내부원인(개선이 가능한 것)	외부원인(개선 불가능한 것)
매출 감소	• 음식 품질의 하락 • 사업주의 잦은 외출 • 청소상태 불량 • 인테리어 노후	• 경쟁점포 입점 • 경기 부진 • 소비심리 위축 • 추어탕 문제기사
고객 수 감소	• 가격 인상 • 서비스 음식 축소 • 종업원 불친절	• 직장인 고객 감소 • 경쟁 추어탕집 선호 • 점심 간단음식 선호
객단가 하락	• 추어튀김의 양이 적어진 것 • 식사나 술을 편하게 먹기 불편한 분위기	• 大자에서 中, 小자로 주문하는 분위기 • 식사 위주 문화 확산 • 회식비 감소
재료비율 증가	• 재고감모손의 증가 • 재고관리 문제 • 선입선출이 안 지켜짐 • 구매선의 획일화	• 재료비 인상 • 파, 들깨 등 부재료 수요 증가 • 중국 수입 농축산물 가격 인상
인건비 상승	• 업무동선의 불합리 • 불합리한 업무분장 • 과다한 보상제도 • 사업주의 지나친 외출	• 종업원의 휴일 증가 • 야간수당 증가 및 4대 보험 의무화 • 높은 노동강도

🔅 전략과제도출

🔅 전략과제 단계별 로드맵

고객 수를 늘리기 위한 전략으로 '광고, 홍보 및 판촉 실시, 문자발송'을, 객단가 증가를 위해서는 '품질향상, 서비스향상'을 채택하되 '가격 인상'은 하지 않기로 함. 그리고 회전율을 증가시키기 위해서 '1인 좌석 확대, 신속하게 요리하기'를 채택하고 '영업시간 연장'은 차후에 다시 의논하기로 함.

전략과제 7가지

- 고객 수 증가 전략 : 광고, 홍보, 판촉, 문자발송
- 객단가 증가 전략 : 품질향상, 서비스향상
- 회전율 증가 전략 : 1인 좌석 확대, 신속하게 요리하기

다음은 선택 전략을 실행에 옮기는 작업이다. 각 전략과제에 대해 핵심 추진 내용, 실행목표, 실행기간, 실행자를 정해야 한다.

구분	전략 과제명	핵심추진 내용	실행 목표	실행 기간	실행자
1과제	광고/ 홍보실시				
2과제	판촉 실시				
3과제	문자 발송				
4과제	품질 향상				
5과제	서비스 향상				
6과제	1인 좌석 확 대				
7과제	신속 요리				

최악의 시나리오를 대비하지 않는 사업계획이
가장 나쁜 계획이다.

— 조지프 슘페터

3장

전략적 목표관리
(strategic MBO)

전략적 목표관리는 조직의 장단기 사업목표를 달성하기 위해 전략적으로 접근해 그 결과를 평가하는 것이다. 목표관리는 1954년 P. F. 드러커가 제시한 경영관리방식의 하나로, 달성해야 할 조직의 목표와 개인의 목표를 설정하고 그 결과를 분석하고 평가한다. 목표관리는 수치보다 목표설정의 배경과 전략이 핵심이다.

피터 드러커는, '목표에 의한 경영과 자기통제(self-control)'에서 목표는 외부에서 정해주는 것이 아니라 조직의 공동 목표에 부합하도록 각 부서 조직원들이 스스로 정하자는 의미였다. 외식업의 사업목표도 사장과 구성원들이 객관적인 자료를 바탕으로 설정하되, 목표는 조직이 생각하는 도달수준에서 10%~ 20% 정도 높게 잡는 게 바람직하다. 이렇게 설정된 목표를 95% 정도 달성하는 게 이상적이다. 사장이 일방적으로 목표를 지나치게 높게 잡으면 처음부터 의욕이 나지 않으며, 반대로 너무 낮게 잡으면 목표에 대한 개념이 희박해질 수 있다.

사업계획 수립 및 목표달성 로드맵

　사업계획은 목적과 상황에 따라 다르게 작성한다. 창업기업의 사업계획서와 사업을 수십 년 한 사업체의 사업계획이 같을 수는 없다. 또 투자유치를 목적으로 하거나 조직 내부의 부분적인 내부의 사업계획은 그 초점이 다를 수밖에 없다. 바람직한 사업계획은 시장 고객의 니즈와 욕구를 충족하며 조직의 실질 성장을 돕는 것이어야 한다. 사업계획의 핵심은 사업 전략이다. 즉 어떻게 돈을 벌 것이냐가 핵심이다. 사업계획을 할 때 기본적으로 고객의 필요와 욕구, 시장규모, 경쟁 정도, 우리의 제품과 서비스 등을 분석해서 구체적인 전략을 세워야 한다.

　다음 감자탕 전문점 사례를 통해 목표설정과 이에 따르는 전략을 구체적으로 살펴본다.

◆ 감자탕 전문점 2022년 실적 및 2023년 월별 판매목표

메뉴	년도	월별 실적 및 판매계획(단위 : 만 원)												계	증감율
		1	2	3	4	5	6	7	8	9	10	11	12		
감자탕	22'	2500													
	23'	2800													
등뼈무침	22'	500													
	23'	600													
기타	22'	300													
	23'	400													
계	22'	3300	3100	3300	3200	3300	3400	3300	3600	3700	3500	3600	3900	41200	
	23'	3800	3400	3700	3600	3800	3900	3800	4200	4300	4200	4200	4700	47600	15.5↑

('23년도 판매목표는 전년 대비 15.5% 증가한 4억 7천6백만 원으로 설정)

구분	2023년 월평균 목표		비고
① 매출액	43,000,000	%	전년 동월 매출액 대비 16% 성장 예상
② 매출원가	18,920,000	44	자재 인상분 포함
③ 매출총이익	24,080,000	56	①-②
④ 판매관리비 • 급료 • 임차료 • 통신비 • 수도광열비 • 복리후생비 • 기타경비 • 감가상각비	13,210,000 6,200,000 3,800,000 200,000 1,160,000 300,000 1,500,000 50,000	30.7	직원 2명, 옥탑 살림집 포함 인터넷, 전화, 핸드폰 전기, 수도, 가스 직원 간식, 차비 지원 카드수수료, 기장 등 뒷마당 천막(300만 원)
⑤ 영업이익	11,000,000	25.6	③-④
⑥ 영업 외 비용	150,000	0.3	외부차입 연리 3.5%
⑦ 경상이익	10,850,000	25.2	부부인건비 감안하면 실질 경상이익은 5백만 원 계상

추정손익계산서 분석

① 매출액

매출액 4,300만 원은 선택상권 내 경쟁업체인 감자탕(2,700만 원), 한식(2,400만 원)에 비해 높은 편이나, 업력과 점포 평수에 비해 매출이 그다지 높은 편은 아니다.

② 매출원가

매출 대비 매출원가 44%는 외식업계 평균과 비교해 약간 높은 수치로 이익 창출에 다소 부담이 되고 있다.

③ 매출총이익

매출원가가 다소 높아 매출 대비 56%의 매출총이익은 외식업 평균보다 다소 낮은 수치다.

④ 판매 및 일반관리비

- 급료(인건비) : 월 급여 620만 원은 매출 대비 14.4%로 업계 평균과 비슷하나, 사장 부부의 인건비를 포함하면 매출 대비 20%를 상회하고 있다.
- 임차료 : 임차료 380만 원은 매출 대비 8.8%를 차지하며 업계 평균 임대료율 12%에 비해 다소 낮아 점포의 경쟁력을 유지하는 데 유리하게 작용하고 있다. 특히 점포 옥탑에 있는 살림집을 감안하면 임차료는 저렴한 편이다.
- 통신비 : 사장 부부 및 직원들의 휴대폰 비용 지원금과 인터넷 및 전화요금으로 매출 대비 0.5%로 양호한 편이다.
- 수도광열비 : 116만 원의 수도광열비는 매출 대비 2.7%를 차지하며, 업계 평균 7.1%보다 매우 낮은 수치로 관리가 잘 되고 있다.
- 복리후생비, 기타경비 : 180만 원은 매출 대비 4.2%를 차지하며, 업계 평균보다 다소 낮게 나타나고 있지만, 매출 신장을 위해 보다 적극적인 홍보나 광고 등의 촉진 활동이 요구되고 있다.
- 감가상각비 : 뒷마당을 꾸미는 데 들어간 300만 원에 대한 비용이다.

⑤ 영업이익

매출 대비 25.6%에 부가세가 포함되어 있어 그리 높은 편은 아니다.

⑥ 영업 외 비용

외부 차입비용 4,500만 원에 대한 이자 15만 원은 현재의 경영상태를 감안할 때 큰 문제는 되지 않고 있다.

⑦ 경상이익

1,085만 원의 경상이익은 매출 대비 25.2%로 다소 높게 나타나지만, 사장 부부의 인건비를 감안하면 그리 높은 편은 아니다.

손익분기점 분석

① 변동비와 고정비를 분류한다.

변동비 : 19,680,000원 = 매출원가(18,920,000원)+카드수수료(760,000원)

고정비 : 12,600,000원 = 판매관리비(13,210,000원)−카드수수료(760,000원)+영업외비용(150,000원)

② 공헌이익률을 산출한다.

공헌이익률 54.2% = [매출액(43,000,000원)−변동비(19,680,000원)]/매출액(43,000,000원)

③ 손익분기점 매출액을 산출한다.

손익분기점 매출액 : 23,247,000원 = 고정비(12,600,000원)/공헌이익률 54.2%

- 고정비와 변동비

매출원가	18,920,000	원·부재료비
판매관리비	13,210,000	급료, 임차료 등
영업 외 비용	150,000	지급이자
고정비	12,600,000	판매관리비-카드수수료+영업외 비용
변동비	19,680,000	매출원가+카드수수료

- 손익분기점 분석

손익분기점율	54.1%	(손익분기점 매출액/매출액)/100
안전한계율	45.9%	100-손익분기점율
손익분기점 매출	23,247,000원	고정비/공헌이익율(1-변동비/매출액)

- 손익분기점 평가

50% 미만 : 초 안전	50~60% : 안전	60~70% : 건전	54.1%로 비교적 안전함
70~80% : 요주의	80~90% : 위험	90% 이상 : 초 위험	

(손익분기점 분석은 70% 이하로 관리하는 것이 중요)

목표달성을 위한 전략과제 도출 및 전략 수립

① 문제와 문제점

문제	문제점(원인)
매출 증가폭 둔화	• 소비 트렌드에 부응하는 신메뉴 및 서비스 부족 • 고객의 니즈와 욕구를 충족할 수 있는 촉진전략 부족
변화에 대한 대처계획 및 실행 미흡	• 고객에 대한 이해 부족 • 소비 트렌드의 변화에 대한 인식 및 대처 부족
높은 매출원가	• 원가를 고려한 매출전략 부족 • 메뉴에 대한 자신감 부족 • 합리적인 사고 부족
시스템적 관리 부재	• 체계적인 관리 시스템 부재 • 손익계산서 부재 • 점포 경영매뉴얼 부재

전략과제

- -

• 4P+3p 등 7p[6] 및 리스크 관리전략
• 효율적인 점포운영 매뉴얼 마련

- -

---

[6] 7p : Product, Price, Promotion, Process + Process, Phisical Evidence, People 즉 제품, 가격, 판촉, 유통 등 4P에 프로세스, 물리적 증거, 인적자원 등의 3P를 추가한 것

② 감자탕 전문점 2023년 마케팅 7P 전략

전략	내용	비교
Product (메뉴)	• 등뼈무침의 매출비율이 낮아 다른 차별적인 메뉴가 필요하며 웰빙 컨셉을 고려하는 특색있는 메뉴 개발이 요구됨	• 오감 만족 메뉴
Price (가격)	• 판매가 대비 원가가 높은 감자탕 가격의 조정이 필요 • 가격표에 함량이나 소요재료를 표시함으로써 신뢰성을 높일 필요가 있음	• 전단지나 쿠폰 가져오는 고객 우대
Promotion (촉진)	• 오피니언 리더와 블로거들을 조직적으로 관리 • 임산부·고령층에 특선제공 • 6개월에 1회 '표적집단면접법(FGI)' 실시	• 주변 커뮤니티에 가입 • 지역행사 일부 지원
Place (유통)	• 일정 기간에 재료시장에 대한 물류 조사 • 물류비 및 구매가격 절약을 위한 공동 구매(교대로 산지 출장)	• 동종업체와 합종연행
Process (과정)	• 고객접점관리로 고객 응대 서비스 강화 • 생동감 있고 활기차게 지속적인 서비스 교육 실시	• MOT의 응대매뉴얼 마련
Physical Evidence (물리적 증거)	• 감자탕에 엮인 사연을 스토리텔링으로 엮을 것 • 미디어에 방영된 내용 편집해서 TV로 연속 방영	• 유형적 요소인 인·익스테리어를 비롯한 조명, 음악, 표지판, POP 등
People (사람)	• 6개월에 한 번 '고객만족도' 조사 실시	• 단골고객과의 지속적 소통 • 잠재고객과의 접촉시도

- Product(메뉴) 과제별 실천과제

구분	전략과제명	핵심추진내용	실행목표	실행기간	실행자
1과제	신메뉴 개발				
2과제	데코레이션 향상				
3과제	포장				
4과제	메뉴 퇴진전략				
5과제	기타				

- Price(가격) 과제별 실천과제

구분	전략과제명	핵심추진내용	실행목표	실행기간	실행자
1과제	가격조정				
2과제	할인정책				
3과제	통합가격				
4과제	가격 조정				
5과제	기타				

- Promotion(촉진) 과제별 실천과제

구분	전략과제명	핵심추진내용	실행목표	실행기간	실행자
1과제	홍보				
2과제	판촉				
3과제	광고				
4과제	인터넷판매				
5과제	기타				

- Place(유통) 과제별 실천과제

구분	전략과제명	핵심추진내용	실행목표	실행 기간	실행자
1과제	포장 배달				
2과제	프랜차이징				
3과제	범위				
4과제	할인폭				
5과제	기타				

- Process(과정) 과제별 실천과제

구분	전략과제명	핵심추진내용	실행목표	실행 기간	실행자
1과제	서비스 체계				
2과제	서비스 제공 방법				
3과제	고객과의 소통				
4과제	서비스 폭 조정				
5과제	기타				

- Physical evidence(물리적 증거) 과제별 실천과제

구분	전략과제명	핵심추진내용	실행목표	실행 기간	실행자
1과제	익스테리어				
2과제	스토리텔링				
3과제	POP(point of purchase) 광고				
4과제	메뉴판				
5과제	기타				

• People(사람) 과제별 실천과제

구분	전략과제명	핵심추진내용	실행목표	실행 기간	실행자
1과제	종업원 선발				
2과제	고객만족도 조사				
3과제	표적집단면접법 (FGI)				
4과제	종업원 교육				
5과제	기타				

③ 감자탕 전문점 2023년 리스크 관리전략

개월 차	리스크 내용	리스크 관리 방안
향후 8개월 차	• 경쟁점포 입점으로 고객 15% 감소	• 핵심전략 : 경쟁업체 차별화 방안 마련 • 신메뉴 시식회 • 온라인 커뮤니티 활성화 • GPS를 활용한 모바일 쿠폰행사 • POINT 카드의 포인트별 행사
향후 12개월 차	• 사회적 현상으로 3개월간 평균 30% 감소	• 핵심전략 : 고객유지전략 강화 • 단골고객을 중심으로 신메뉴 홍보 • 매출의 5% 이하 메뉴 퇴출
향후 20개월 차	• 건물 리모델링으로 인한 제한적 점포 영업(3개월)	• 핵심전략 : VIP고객 유지전략 • 충성고객 중심 마케팅 • 전화, 우편 및 이메일로 공사 진행현황 알림

④ 감자탕 전문점 2023년 KPI(Key Performance Indicator, 핵심성과지표)

핵심 성과 지표 (KPI)	현재	수행목표			산출식 (측정방식)
		3개월 후	6개월 후	1년 후	

매출액	3,700만원	3,700만원	4,000만원	4,300만원	월별 매출액 (현재의 10%씩 상승)
매출 원가율	51.3%	50.0%	47.0%	44.0%	(금월매출원가/금월매출액)*100
회전수	1.0회전	1.1회전	1.2회전	1.3회전	중식 이후 테이블 회전수
교육 시간	0	2	3	3	직원 포함
경상 이익률	15.4%	18.0%	20.0%	25.2%	(금월경상이익/금월매출액)*100

목표달성을 위한 차별화 전략 7가지

차별화 전략은 제품이나 서비스 등을 통해 시장에서 경쟁적 우위를 점하는 것을 말한다. 경쟁적 우위는 고객이 느끼는 가치(value)와 혜택(benefit)으로 결정된다. 그들이 느끼는 가치와 혜택은 가격이나 품질일 수 있고, 서비스나 점포 분위기, 아니면 넓은 주차장일 수도 있다. 음식점의 차별화는 고객의 필요와 욕구를 채울 만큼 독특하고 유일해야 한다. 모방하든 창조하든, 고객이 만족하고 그들이 공감할 수 있는 가치로 필요와 욕구를 채워야 한다.

차별화 방법은 제품 차별화, 서비스 차별화, 인적 차별화, 이미지 차별화 등으로 나눌 수 있다.

◆ 제품 차별화(Product Differentiation)

외식업소는 맛과 색, 소리, 데코레이션 등과 같이 제품의 물리적 특성을 가지고 차별화할 수 있다. 가령 수제비를 장국에 끓이는 얼큰수제비나, 김치찌개에 돼지고기가 아닌 멸치를 넣어 끓이는 멸치김치찌개 등을 예로 들 수 있다. 일반기업 제품으로는 1990년대에 국내에 출시되어 관절염 치료제 시장에서 선두주자로 부상했던 케토톱이 있다. 케토톱은, 그 이전의 관절염 치료제들이 먹는 데 반해 붙이는 패치형의 관절염 치료제라는 점을 강조하여 소비자들에게 어필했다.

◆ 서비스 차별화(Services Differentiation)

제품의 물리적 특성 이외에 서비스의 차별화로 경쟁우위를 점할 수 있다. 가령 중국집의 빠른 배달, 잔돈을 신권으로 바꿔주는 서비스, 분실한 신발에 대해 더 좋은 신발을 제공하는 등, 서비스의 차별화가 있다.

◆ 인적 차별화(Personnel Differentiation)

경쟁점포보다 뛰어난 직원을 선발하고 교육과 훈련을 함으로써 경쟁적 우위를 누릴 수 있다. 고객에게 보내는 밝은 미소, 고객을 먼저 이해하고 배려하는 마음, 고객의 요구에 즉각 응하는 직원들의 차별적 서비스는 그 어느 것보다 높은 차별적 요소라고 말할 수 있다.

◆ 이미지 차별화(Image Differentiation)

경쟁자들과 같은 메뉴를 제공해도 점포의 인테리어, 상표, 간판, 동선의 구조, 아이템에 대한 이미지 등은 고객에게 또 다른 인식을 심어준다. 심벌이나 로고 역시 이미지 차별화의 중요한 요소이며, 특히 해당 점포의 브랜드는 경쟁자와 다른 대표적인 차별화의 표상이 된다. 가령 원할머니 보쌈의 경우 할머니 모습이 있는 로고 자체가 강한 경쟁력을 발휘한다. 그리고 사업자의 명성이나 이미지 역시 또 다른 차별적인 요소가 된다.

다음은 목표달성을 위한 차별화 전략 7가지이다.

전략 1 : 고객의 '최고 가치' 전략

대부분의 음식점들은 고객의 '최고 가치'를 잘 파악하지 못해 매상을 올리는 데 번번이 실패한다. 외식업소들은 고객이 포만감에는 많은 신경을 쓰면서도 음식을 먹으면서 느낄 수 있는 품위와 행복감은 크게 신경을 쓰지 않는다. 사실 포만감은 부차적인 가치이다.

이를 닦는 치약의 경우 단순히 충치 예방이나 미백효과는 부차적인 이익이다. 고객이 애인이나 지인들 앞에 당당하게 설 수 있게 하는 것이 최고의 가치가 될 것이다. 이렇듯 부차적인 이익이 아닌, 고객이 생각하든 생각하지 못하든 최고의 가치를 제공할 때 차별적 경쟁력을 가질 수 있다.

◆ 아이템별 최고의 가치

서비스 이름	부차적인 가치	최고의 가치
반려동물 사료	맛과 영양	반려동물을 키우면서 느끼는 행복

업무용 소프트웨어	업무의 효율	업무의 성공적인 수행
의료서비스	질병 치료	건강한 삶을 누린다
피트니스 클럽	멋진 외모	자신감
비즈니스 컨설팅	사업계획 수립	목표달성
화장품	아름다움	당당함

전략 2 : **역발상 전략**

"이 식당에 오면 줄을 한참 서야 한다고 했다. 그건 이해가 됐다. 줄 서는 건 맛집에 대한 예의니까…, 그런데 들어가면 식권을 먼저 사야 한단다. 합석은 기본이다." 한 유명한 음식점은 이야기 듣던 대로 미운 짓만 골라서 했다. 손님의 존엄성이나 인격은 아예 안중에도 없었다. 그런데도 신기하게 기분이 나쁘지 않았다. 그 식당을 방문한 모든 손님의 얼굴에는 만족감이 가득했다. 참 이상한 일이다.

버럭질 하는 이경규와 박명수가 인기를 누리고 있다. 뉴욕에 있는 '이트(Eat)'란 레스토랑은 이름부터가 건방지다. 여기에 한술 더 떠서 손님들이 말을 하면 쫓아낸다. 이곳은 몇 달 전에 예약해야만 입장이 가능하다. 이들은 고객들에게 오만하고 냉소적인 태도를 보이고 때로는 엽기적이기까지 한 역발상 상품으로 놀랄만한 마케팅을 전개하고 있다. 이들은 판매 활동에 적극적이지 않으며 소비자의 비위를 맞추기는커녕 기분을 상하게 한다.

역발상 전략은 경쟁사가 잘하고 있는 일을 반대로 하거나 다른 방법으로 해서 안전한 길을 만드는 전략이다. 성공적인 역발상 전략은 수요가 경쟁이 아니라 창조에 의해 창출되며 높은 수익과 빠른 성장을 가능케 하는 기회가 존재한다. 시장에서 경기 법칙이 아직 정해지지 않았기 때문에 경쟁은 무의미하며 아직 기득권세력이 없기 때문에 외식업자에게 유리한 시장이 될 수 있다.

전략 3 : 구르메 전략

소비자는 월마트에서 싼 물건을 구매해서 혜택을 누리지만 경쟁에서 밀린 작은 소매업체들은 사업을 접어야 하는 운명에 처한다. 안타깝게도 이들 중 상당수가 다른 길을 찾아보지도 않고 무기력하게 사업을 접고 만다. 이처럼 큰 상대와의 가격경쟁에서 견디지 못하고 시장에서 퇴출되는 것을 '월마트효과(The Wal-Mart Effect)'라고 한다.

월마트의 최저가격 정책에 맞설 수 없다면 월마트가 할 수 없는 일을 찾아야 한다. 월마트와의 저가 경쟁에서 벗어나 오히려 고가로 맞서야 한다. 즉 군소 외식업체들도 대형 경쟁업체처럼 낮은 가격으로 승부하는 것이 아니라 고가의 음식으로 대항하는 구르메 전략이 필요하다.

캐나다의 브랜딩 및 패키징 전문가인 빌 비숍은, 그의 저서 《펭귄》에서 이런 기업들을 '패스트푸드 기업(Fast Food Companies)'이라고 칭했다. 비숍은 패스트푸드 기업으로는 이기기 어렵다고 보고 '구르메 기업(Gourmet Companies)'으로 탈바꿈해야 한다고 주장한다. 구르메 기업은 패스트푸드 기업의 반대편에 선 개념으로 미식가들이 찾는 고급 요리처럼 빅 아이디어를 잘 포장해서 한 차원 높은 수준으로 끌어올린 것을 말한다. 그는 패스트푸드는 싼 가격표에 어울리고 구르메에는 비싼 가격표가 어울린다고 주장한다.

구르메 전략은 가격만 높이는 것이 아니다. 구르메 전략에는 고객에 대한 철저한 분석이 따른다. 목표 고객의 가치 즉 욕구를 충족시키는 맛과 서비스를 제공함으로써 가격 저항선이 무너지고 고객이 쉽고 받아들이게 한다.

예를 들어 광희동 평양면옥은 냉면이나 만둣국 한 그릇이 1만5천원이다. 양지머리로 우려낸 육수 때문에 가격이 비싸다고 주장한다. 양지머리에 평양의 '원조' 육수라는 가치가 더해져서 고객의 만족감을 높인다. 서민이 먹기에는 결코 만만치 않은 가격이다. 그런데 직장인이나 일반 시민이 자주 찾는다. 구르메 전략은 아무 음식점에서나 찾을 수 없다는 인식을 심어줌으로써 고객으로 하여금 우선 움켜쥐게 하는 당위성을 불러일으킨다. 이런 것이 고객이 저항 없이 받아들일 수 있게 하는 구르메푸드의 역할이다.

결국, 고객이 높은 가격을 기꺼이 지불할 수 있는 맛과 서비스를 만들어 내는 것이 외식업체의 구르메 전략이다.

전략 4 : 초니치(the ultra-niches) 전략

초니치란 사전적으로는 틈새를 가리키는 단어 '니치(niche)'에서 한 단계 더 들어가 소비자들에 의해 잘게 쪼개지고 부스러져 생겨나는 매우 작고 협소하지만 명확하고 특출한 시장 가능성을 뜻한다.

우리나라 성인의 50% 이상이 고지혈증, 고혈압, 당뇨 등의 성인병이 있는 것으로 조사되고 있다. 가령, 이들 중에 초밥을 좋아하면서도 일반 쌀로 만들기 때문에 초밥을 꺼리는 소비자들에게, 현미 등 건강에 좋은 쌀로 초밥을 만드는 것도 니치시장을 선점하는 계기가 될 수 있다.

또한 작은 시장으로 갈수록 시장점유율보다 '고객점유율'이 중요하다. 고객점유율은 자사의 제품이나 서비스를 지속적으로 구매하는 '단골고객이나 충성고객의 보유율'을 나타낸다. 고객의 욕구가 다양해지고 고객의 라이프스타일이 수시로 변하는 상황에서 고객점유율은, 해당 사업의 유지·발전에 매우 중요한 요소가 된다.

전략 5 : 덤의 차별화 전략

"The tail wags the dog"는 "꼬리가 개를 흔든다"라는 의미이다. 주객이 전도되었다는 뜻이다. 즉 덤이나 부수적인 것이 본 제품을 사게 만드는 것을 의미한다. 덤은 더는 본 제품에 대한 부수적인 부속품이 아니다. 덤 자체가 고객이 지불한 가격에 대한 효익을 상승시키고 구매에 대한 만족도를 높이는 하나의 가치로 자리매김하고 있다.

'서비스 반찬'이 좋아 식당을 찾는 경우는 매우 흔하다. 칼국수보다 김치 맛이 좋아 소문이 난 집이나, 백반집의 고등어 한 토막이 손님을 부르기도 하며 젓갈 하나가 입소문의 수단이 되기도 한다.

제품의 품질 수준이 유사해지고 브랜드에 대한 고객 충성도가 갈수록 희미해지는 시대에, 소비자가 우리 기업의 제품을 구매하도록 유인하기 위해서는 '몸통(메인제품)'을 내미는 전략보다 살랑살랑 '꼬리(덤)'를 흔드는 전략은 매우 유효하다. 그동안 소비자에겐 '공짜'로, 기업에 그저 '비용'으로 인식되었던 '덤'이 새로운 경쟁의 룰을 만들고 있다.

전략 6 : 우선 '좋아 보이게' 하는 전략

"보기 좋은 떡이 먹기도 좋다."라는 우리나라 격언이 있다. 일단 먹음직스럽고 군침이 돌게 만들어야 한다. 맛은 그다음이다. 음식이 독특하든지 신뢰가 가는 모습을 가지고 있어야 고객이 접근한다. 아무리 맛이 좋아도 손길이나 눈길이 안 가는 음식은 먹기도 전에 식욕을 잃어버리게 한다. 김근배 숭실대 경영학부 교수는 소비자는 좋은 제품을 구매하는 것이 아니고, 좋아 '보이는' 제품을 구매한다고 말한다. 그리고 제품이 좋아 보이도록 하기 위해서는 품질 단서를 활용해야 한다고 말한다. 여기에는 언어 표현 외에도 감각 기호를 사용할 수 있으며 감각 기호는 도상, 지표, 상징을 사용할 수 있다고 주장한다.

전략 7 : 모방으로 하는 차별화 전략

오데드 센카 오하이오 주립대 교수는 그의 저서 《카피캣》에서 모방을 혁신의 발판으로 삼아 성공한 기업들의 다양한 사례를 제시하면서 모방전략의 우월성을 강조했다. 그는 혁신보다 모방이 더 큰 가치를 창출할 수 있음을 보여준다. 후발 기업이 혁신 기업을 모방하면서

제품과 서비스를 차별화해 시장에서 승자가 되는 경우가 더 많다고
주장한다.

최초로 신용카드를 선보였던 다이너스클럽은 비자카드에, 미국의
최초의 패스트푸드 전문업체인 화이트 캐슬은 맥도널드 등에 밀려
이류회사로 전락하고 말았다. 하지만 '좋은 예술가는 그대로 복사하
지만 위대한 예술가는 도용한다'라는 피카소의 말처럼, 센카 교수는
경쟁 제품이나 서비스를 그대로 베끼는 대신 그 장점을 자신의 것으
로 소화해 더 좋은 콘텐츠를 만들어내는 '창조적 모방'을 강조하고 있
다.

새로운 경쟁우위 전략은
지금까지의 원칙과 디자인을 지속적으로 개선해
나가는 것이다.

— 다이앤 브래디

4장

외식업의 실전
경영매뉴얼

외식업소의 효과적이고 효율적인 경영을 위해서는 다양한 매뉴얼이 필수적이다. 외식업소 경영매뉴얼은 업무의 효과와 효율을 극대화하고 인적 요원들 간의 소통 능력을 배가함으로써 외식업소의 목표달성을 돕는다.

외식업소의 경영매뉴얼은 크게 점포운영매뉴얼, 접객매뉴얼, 고객관리매뉴얼 및 시설·위생관리매뉴얼로 나눌 수 있다.

외식업소 경영매뉴얼	내용
1. 점포운영매뉴얼	점포관리, 직원관리, 매출관리, 물품관리, 원가관리
2. 접객매뉴얼	경청, 전화응대, 고객불만관리, 고객접점관리
3. 고객관리매뉴얼	신규고객확보, 재구매율 제고 및 고객유지
4. 시설·위생관리매뉴얼	점포환경관리, 시설안전관리, 위생관리

점포운영매뉴얼

　점포운영매뉴얼은 일을 효율적이고 효과적으로 하게 하며 소통 능력을 높여 조직원 간의 갈등을 현저히 감소시키는 것을 목적으로 한다. 또 체계적인 매뉴얼은 사업자에게 업무의 준비성을 높이고 창의성을 일깨워주며 일에 대한 열정을 북돋아 준다.

　점포운영매뉴얼은 점포관리·고객관리·종업원관리·매출관리·물품관리·원가관리매뉴얼 등으로 나뉜다.

점포운영매뉴얼 :
① 점포관리 ② 직원관리 ③ 매출관리 ④ 물품관리 ⑤ 원가관리

점포관리매뉴얼

　점포관리매뉴얼은, 사업자와 구성원 모두에게 해당 업무를 효율적이고 효과적으로 수행할 수 있는 지침을 제공한다. 크고 작은 시행

착오로 인한 폐해를 줄이고 고객의 가치를 높임으로써 해당 점포로 하여금 고객지향적인 업무 수행을 가능케 한다.

점포관리는 출근부 작성에서부터 영업 후 마감 및 뒷정리까지 일과에 대한 제반 업무프로세스를 포함한다.

제일 먼저 출근하는 사람은 당연히 사업자여야 한다. 사업자의 성실함은 종업원은 물론, 주변 상인 및 고객들에게 신뢰와 인정을 받을 수 있게 하는 전략적 도구의 하나이다.

보통 점심 식사를 파는 식당의 경우 종업원은 대개 오전 10시에 출근하는 것이 일반적이다. 사업자는 이보다 30분이나 1시간 정도 일찍 나와 전날 문제점을 체크하고 회의를 준비하며 하루의 일과를 시뮬레이션하는 시간을 갖는다. 또 출근부를 마련하여 사업자나 종업원 모두가 출퇴근 시간과 외출시간을 적시하므로 종업원들의 합리적인 휴일 배정과 정확한 급료 계산을 할 수 있게 한다.

그리고 사업자와 종업원 중에, 누가 무엇을 어떻게 체크할지 리스트를 만들어 꼼꼼히 확인하는 매뉴얼이 필요하다. 간판, 주차장, 외부유리창, POP, 내외부 화장실, 집기 비품 위치, 조명, 냉장·냉동고, 고기 보관, 기타 기자재 가동 상태 등을 체크리스트를 만들어 확인한다.

청소는 전날 마감 전에 하는 것이 보통이며, 실내 화장실, 홀 바닥, 탁자와 의자, 조명기기, 유리창 등은 매일 출근과 함께 깨끗하게 청소한다. 청소는 구역을 나누어서 하되 책임자가 청소상태를 확인하고 리스트에 체크한다. "조그만 식당에서 무슨 체크리스트로 확인하느냐, 그냥 보고 그때그때 아무나 하면 되지!"라고 말하는 종업원이 있더라도, 사업자는 처음부터 체계적으로 관리해야 한다. 이런 일련의 과정이 정착되면 사람 간의 갈등이 감소하고 인건비뿐 아니라 제반 경비도 줄어든다.

영업 전에 주방기기, 냉장·냉동고, 원재료와 부재료, 재료의 선입선출, 재고감모손, 현금 및 잔돈, 카드기 작동 등의 확인은 물론, 당일 업무보충을 위해 충원되는 인력을 확인한다. 주방이나 홀에 대한 점검은 사업자보다 해당 업무 책임자에게 일임하는 것이 좋다.

청소와 영업준비를 끝내고 나면, 보통 11시 전후가 된다. 그때부터 11시 30분까지 식사를 마쳐야 한다. 늦어도 11시 30분에는 손님 받을 준비가 돼 있어야 한다. 손님이 들어오는데 종업원이 식사하고 있는 것만큼 손님 입장에서 보기 민망한 것도 없다.

대개 식사시간에 조회를 겸한다. 조회 때는 가능한 명령이나 훈계, 책망보다는 협조를 당부하는 것이 좋다. 정 책망할 것이 있으면 식사를 마치고 하거나, 영업이 종료된 후에 하는 것이 바람직하다. 식사 및 조회시간을 명확하게 해 놓아야 각자의 일을 계획적으로 수행할 수 있다.

보통 오후 2시가 넘으면 점심 손님들이 거의 끊기게 된다. 그때는 저녁 장사 준비를 하고 조금 쉬는 시간을 갖는다. 업소에 따라 점심이나 저녁, 어디에 중점을 두느냐에 따라 준비물과 인력의 수급이 달라진다. 종업원들이 휴식을 취할 때는 급한 사안이 아니면 편히 쉬게 해야 한다. 업소에 따라서는 휴식시간에 손님을 안 받는 곳도 있다. 3시부터 5시 사이를 어떻게 보낼 것인지 업소의 사정에 맞게 운영매뉴얼을 준비하여 실행한다.

종업원들은 영업이 끝나갈 무렵이면 손님이 남아 있어도 앞치마를 벗고 퇴근을 한다. 사업자는 이런 행위를 당연하게 받아들여야 한다. 이것이 규칙이다. 간혹 손님이 늦게까지 많을 경우 종업원에게 양해를 구할 수 있다. 연장근무 후에는 수고비나 차비를 섭섭하지 않게 지불하거나, 초과근로수당에 대한 매뉴얼에 따라 지급하면 된다.

대개 저녁 영업시간이 끝날 때 할 얘기가 많다. 회식도 대부분 영업이 끝나고 하게 된다. 사업자는 영업 후 회의를 정기적으로 시행하되 가능하면 퇴근 시간은 피하는 것이 좋다. 그리고 회식도 정해놓고 하는 것이 바람직하다.

뒷정리는 사업자 몫이다. 영업 현황을 체크하고 돈을 정산한다. 그리고 다음 날 할 일을 정리해서 컴퓨터나 노트, 휴대폰 등에 저장한다. 이렇게 정리된 내용을 가지고 회의를 해야 짧게 효과적으로 할 수 있다.

점포관리매뉴얼 :
① 출근 → ② 점포 내·외부 이상 유무 확인 → ③ 청소
→ ④ 주방 및 영업상태 확인 → ⑤ 식사 및 조회 → ⑥ 저녁 영업준비
→ ⑦ 영업 후 정리정돈 및 마감 → ⑧ 뒷정리

▶ 점포관리매뉴얼 체크리스트

체크포인트 점검하기
- 상 : 양호
- 중 : 긴급하지 않으나 관리를 요함
- 하 : 긴급 조치를 요함

사례) 실내조명
– 안 들어오는 전구는 없는가? : 상
– 전구에 먼지는 쌓여있지 않은가? : 하
– 열효율이 높은 전구로 교체하였는가? : 하

관리항목을 위와 같은 방식으로 체크하여 그 내용을 사장과 종업원이 함께 공유
한다. 체크는 사장이 할 수도 있지만 가능하면 주방과 홀 책임자가 자기 관리구
역을 체크한 후, 사장이 그것을 확인하는 방식이 바람직하다.

✴ 주차장

☑ 유도표지판은 제자리에 있는가?

☑ 오물이나 쓰레기는 없는가?

☑ 장기 주차하는 외부 차량은 없는가?

◆ 입간판

☑ 손상된 부분은 없는가?

☑ 전기가 안 들어오는 전등은 없는가?

☑ 간판의 가시성을 해치는 것은 없는가?

☑ 간판이 떨어질 위험은 없는가?

◆ 내·외부 유리창

☑ 이물질로 시야에 방해를 주지 않는가?

☑ 유리창에 금이 가거나 위험 요소는 없는가?

◆ POP[7]

☑ 훼손되거나 넘어져 있지는 않은가?

☑ 색이 바랜 부분은 없는가?

☑ 너무 많은 내용으로 난잡하지는 않은가?

☑ 변동가격을 덧붙이지는 않았는가?

7] POP(point of purchase advertisement) : 일명 '구매 시점 광고'로 판매점 주변에 설치하는 일체의 광고나 디스플레이류를 말함.

실내부착물

- ☑ 액자는 제대로 걸려있는가?
- ☑ 가격표, 광고포스터 등으로 난잡하지는 않은가?
- ☑ 이물질이 부착되어 있거나 훼손된 부분은 없는가?

조명

- ☑ 안 들어오는 전구는 없는가?
- ☑ 전구에 먼지가 쌓여있지 않은가?
- ☑ 열효율이 높은 조명기구로 교체하였는가?

주방

- ☑ 재료들은 선입선출할 수 있게 정리되어 있는가?
- ☑ 재료 상태는 양호한가?
- ☑ 불필요한 것이 들어와 있지 않은가?
- ☑ 냉장고 등 주방 물품에 유사시 긴급처리원칙이 적시되어 있는가?
- ☑ 불필요한 재료가 보관되어 있지는 않은가?

실내·외 화장실

- ☑ 설명 없이 찾을 수 있게 안내판이 준비되어 있는가?
- ☑ 청결하게 유지되고 있는가?

- ☑ 비누와 수건 및 티슈가 제자리에 있는가?
- ☑ 방향제가 제 기능을 하고 있는가?
- ☑ 청소도구가 밖으로 나와 있거나 미관을 해치지 않는가?

◆ 홀 바닥

- ☑ 기름때나 물기가 남아 넘어질 위험은 없는가?
- ☑ 가스선 등이 통행에 불편을 주고 있지 않은가?
- ☑ 음료수 박스나 집기·비품 등이 어질러져 있지는 않은가?
- ☑ 휴지나 오물 등이 떨어져 있지는 않은가?

◆ 식탁, 의자

- ☑ 앉기에 위험은 없는가?
- ☑ 기름때나 이물질이 묻어있지 않은가?
- ☑ 파손의 우려는 없는가?
- ☑ 닳아서 불결하게 보이지는 않는가?

◆ 메뉴판

- ☑ 수정된 메뉴나 가격이 눈에 거슬리게 표기되어 있지 않은가?
- ☑ 외국인 손님이 잘 알아볼 수 있는가?
- ☑ 사진이 메뉴와 잘 어울리게 돼 있는가?

☑ 빠진 메뉴가 기재되어 있지는 않은가?

☑ 변동가격은 제대로 기재되어 있는가?

☑ 오래되어 헐거나 색이 바래지 않았는가?

◆ POS 및 카드기

☑ 제 기능을 하고 있는가?

☑ 일정한 현금은 준비되어 있는가?

직원관리매뉴얼

외식업소가 규모가 작을수록 특별한 업무분장 없이 상황에 따라 함께하는 것이 보통이다. 하지만 유사시에 누가, 무엇을, 어떻게 도와줄 것인지 약속이 필요하다. 서로 호흡을 맞추며 일을 수월하게 처리할 수 있는 매뉴얼이 있어야 한다.

권한위임은 사업자가 일방적으로 결정하고 명령하는 기존의 경영방식에서 벗어나 명확한 목표, 권한, 책임을 종업원에게 제공함으로써 주인의식을 심어주는 경영방식을 말한다. 가령 고객에게 서비스 메뉴를 제공하거나 금액 일부를 깎아줄 수 있도록 홀 매니저에게 권한을 위임하면, 종업원의 사기뿐 아니라 매출 증대 효과를 가져올 수 있다. 따라서 구체적인 위임 내용과 한도 및 방법을 정해놓고 실시하는 것이 바람직하다.

동기부여는 해당 점포의 목표달성을 위해 종업원들이 자발적으로

하도록 조직화하는 것으로, 종업원들이 업무에 적극적으로 임하게 하는 주요동기를 주입하는 것을 의미한다. 동기부여 방법으로는 승진, 금전적 보상, 권한 확대, 휴가, 칭찬과 인정, 격려 등이 있으며 외식업소의 경우 금전적 보상과 칭찬이나 인정 등이 좀 더 효과적이다.

"조회는 특별한 경우를 제외하고 매일 청소 후에 식사하면서 간단히 한다." "종례는 특별한 경우가 아니고는 매주 수요일 업무가 종료된 후 약 10분간 갖는다." 등으로 분명히 정해놓는 것이 좋다. 그렇지 않으면 종례의 경우 효과도 없이 불만만 쌓이고 만다. 특히 종례는, 손님이 많거나 늦게까지 손님이 있는 요일은 가능한 피하는 게 좋다. 그리고 외식업에 있어 교육과 훈련은 결국 고객의 만족 활동이다. 고객접객서비스, 커뮤니케이션에 관련된 교육 등은 종업원으로 하여금 소속감과 자부심을 갖게 한다.

▶ 직원관리매뉴얼 체크리스트

체크포인트 점검하기
- 상 : 양호
- 중 : 긴급하지 않으나 관리를 요함
- 하 : 긴급관리를 요함

◆ 직원 배치

☑ 요소의 낭비 없이 업무분장이 잘 되어있는가?

☑ 업무의 효율성을 높일 수 있게 기본적인 업무 동선을 정했는가?

☑ 일용직원을 활용할 때 해당 업무에 대해 충분히 설명했는가?

◈ 권한위임

☑ 할인폭을 정확히 정해주었는가?

☑ 서비스 제공물의 범위와 종류를 정해주었는가?

☑ 해서는 안 되는 부분은 명시했는가?

◈ 동기부여

☑ 승진제도의 기준을 명확히 하고 있는가?

☑ 업무연장 시 일정한 기준을 적용하는가?

☑ 휴무일은 공평하게 운영하고 있는가?

☑ 허황되고 비현실적인 내용은 없는가?

☑ 격려와 칭찬에 소홀하지는 않는가?

◈ 조회와 종례

☑ 조회와 종례는 일정한 시간을 정해 시행하고 있는가?

☑ 지나치게 길게 하지 않는가?

☑ 사장 혼자 말하지 않는가?

☑ 업무시간과 겹치지 않는가?

☑ 퇴근시간을 방해하지는 않는가?

☑ 직원들의 의견을 듣는 시간으로 활용하고 있는가?

◆ 교육 및 훈련

☑ 점포운영에 필요한 각종 매뉴얼은 준비되어 있는가?
☑ 매뉴얼에 대한 교육과 훈련은 일정한 시간을 정해 시행하고 있는가?

매출관리매뉴얼

매출은 점포운영의 중점 관리항목으로 사업의 손익에 가장 큰 비중을 차지하며 해당 업체가 당초 사업목표대로 나아가는지를 알려주는 바로미터 역할을 한다. 업소의 매출은 이익뿐 아니라 업소의 사기와도 직결되는 항목이므로 철저한 분석에 따른 매출관리가 이루어져야 한다.

외식업소의 매출목표는 다소 도전적이어야 사업자 본인은 물론 종업원에게도 동기부여가 된다. 종업원이 생각하는 예상 매출에서 10%에서 20% 정도 높게 책정하면 큰 무리가 없다. 종업원들이 목표에 대해 이해하고 목표의식을 갖게 되면 매장 분위기도 달라진다. 혹, 목표를 너무 높게 잡으면 처음부터 포기할 수 있고 종업원의 말만 듣고 목표를 잡으면 도전의식은 사라지고 결국 목표는 이루어지지 않는다.

또 목표를 달성했을 때의 보상은 물질로 하는 것이 더욱 효과적이다. 매출목표는 아이템별로 월목표, 주간목표, 일목표 등으로 나누어 실행한다. 가령 돼지갈비, 삼겹살, 냉면, 김치찌개 및 술과 음료 등 아이템별로 목표를 설정해서 진행한다.

전체적인 매출이 유지되어도 실적에 따라 판매전략이 바뀔 수 있다. 실적에 따라 빼야 할 메뉴가 생기고 신메뉴 개발이라는 당면과제가 주어진다. 가령 삼겹살, 돼지갈비, 소고기 등심을 판매하는 식당의 경우, 소고기 등심이 3개월이나 6개월 내내 실적이 안 좋으면 빼든지 복합메뉴를 만드는 등 새로운 메뉴 구성에 돌입해야 한다. 또 모든 실적을 수치화하고 문서화 했을 때 이해관계자들을 설득시킬수 있다. 종업원을 구조 조정할 때 혹은 정책자금을 지원받거나 금융권에서 자금을 융자받을 때도 수치로 된 문서가 설득력이 있다. 이렇듯 매출실적관리는 업소의 정체성마저 바꿀 수 있는 매우 중요한부분이다.

목표 차이 분석이 중요하다. 목표 차이 분석을 하는 가장 큰 이유는 문제와 문제점을 도출해서 해결 대안을 마련하기 위해서다. 매출목표에 미달한 경우 그 원인의 분석을 통해 해결 대안을 만드는 매뉴얼을 준비하는 것은 가장 효과적인 목표관리의 수단이 된다. 가령 객단가 하락이라는 문제가 발생했을 때, 객단가의 하락 원인을 분석할 수 있는 매뉴얼이 있으면 사업자와 종업원이 함께 대안을 마련하는 데 도움이 된다. 앞서 2장에서 학습한 로직트리, 스캠퍼 등의 방법을 활용하면 원인을 찾아 대안을 수립하는 데 많은 도움을 받을 수 있다.

▶ 매출관리매뉴얼 체크리스트

체크포인트 점검하기
- 상 : 양호
- 중 : 긴급하지 않으나 관리를 요함
- 하 : 긴급조치를 요함

◆ 매출목표관리

☑ 매출목표는 예측 가능한 금액의 10~20% 이상 높게 설정했는가?

☑ 매출목표는 월·주간·일목표 등으로 설정했는가?

☑ 목표설정은 중요 품목별로 나누어 설정했는가?

☑ 과도한 목표를 설정하지는 않았는가?

☑ 목표는 해당 자료들을 분석하여 설정된 것인가?

◆ 실적관리

☑ 전체목표가 달성되었어도 목표보다 현저히 높거나 낮은 품목은 무엇인가?

☑ 목표보다 현저히 높거나 낮은 품목은 그 원인을 분석했는가?

☑ 일정 기간 이상 계속해서 잘 안 팔리는 품목은 어떤 메뉴인가?

☑ 메뉴에서 빼거나 복합메뉴를 만들 품목을 설정했는가?

☑ 특히 잘 팔리는 품목은 그 이유를 분석하고 있는가?

물품관리매뉴얼

외식업소는 재료의 보관 소홀로 손실이 발생할 여지가 많다. 단지 관리 소홀로 손실이 발생하는 것은 큰 문제가 되지 않지만 입고 불량, 빼돌림이 문제가 된다. 입고 불량은 납품업자의 잘못이고, 빼돌림은 종업원의 의도적인 절취행위이다. 납품처는 바꾸면 그만이지만 직원이 재료를 빼돌리면 큰 문제가 아닐 수 없다. 만일 직원이 연루되면 사업장 전체의 문제로 발전할 수 있으므로 재고감모손에 대한 철저한 관리가 필요하다. CCTV를 설치하는 것도 방법의 하나가 될 수 있지만 매뉴얼에 의해 정확히 관리하는 방법이 더욱 효과적이다.

재료의 사용은 대부분 선입선출로 이루어지며 재료의 발주는 품목의 종류와 특성에 따라 다양하다. 재료마다 적정수준의 재고량과 발주량을 잘 조절해야 하며 재료의 종류와 중요도에 따라 누가 어떻게 구매할 것인지를 명확히 해야 한다. 이런 부분을 매뉴얼로 만들어 놓으면 체크리스트만 봐도 원재료의 유통과 보관상황을 알 수 있다.

신선도와 가격은 재료 구입에서 가장 중요한 요소이다. 재료의 신선도는 재료에 따라 검수자를 지정하되 체크리스트를 만들어서 하는 것이 바람직하다. 검수 품목에 대한 신선도, 양, 가격 등의 수준을 상·중·하로 하고 특이 사항을 검수자가 기입하는 방식으로 하면 된다. 업소의 상황과 재료의 종류에 따라 합리적인 체크리스트를 만들어 사용하면, 재고감모손을 줄일 뿐 아니라 시간 절약과 함께 체계적인 업무 시스템을 정착시킬 수 있다. 그리고 회전이 잘되지는 않지만 빼서는 안 되는 메뉴들이 있다. 이런 재료일수록 악성 재고가 생기기 쉽기 때문에 별도의 체크리스트를 만들어 검수하고 관리하는 노력이 필요하다.

유효기간에 미련을 갖는 경우가 있는데, 유효기간을 넘긴 재료는 과감히 버리는 용단이 필요하다. 종업원이 괜찮다고 해도 주인은 버려야 한다. 단속 때문이 아니라 고객을 생각하는 마음에서 그렇게 해야 한다. 종업원들은 결국 그런 재료를 버리는 사업자를 존경한다. 사업자가 그런 자세로 장사를 해야 당당하고 자신감을 가지고 앞으로 나아갈 수 있다.

▶ 물품관리매뉴얼 체크리스트

체크포인트 점검하기
- 상 : 양호
- 중 : 긴급하지 않으나 관리를 요함
- 하 : 긴급관리를 요함

◆ 재고감모손

☑ 매출 대비 재료사용량은 정해져 있는가?

☑ 재료 입출은 선입선출로 이루어지고 있는가?

☑ 작업은 매뉴얼대로 이루어지고 있는가?

☑ 유효기간을 넘긴 재료는 없는가?

☑ 불필요하게 재료가 밖으로 나와 있지는 않은가?

✦ 재료의 검수

☑ 반입된 재료는 신선한가?

☑ 반입된 재료의 종류와 양이 적정한가?

☑ 회전이 잘 안 되는 재료들의 상태는 수시로 확인하는가?

✦ 재료의 보관

☑ 악성 재고가 남아 있지는 않은가?

☑ 창고에는 꼭 필요한 물품만 보관되어 있는가?

☑ 적정재고가 보관되어 있는가?

원가관리매뉴얼

매출원가는 제조경비 중에서 판매 및 일반관리비를 제외한 항목으로 생산에 직접 투입되는 재료비로서 해당 점포의 손익에 직접적인 영향을 미친다. 재료비 등의 원가관리는 해당 사업장의 안정적인 유지·발전을 위해 필수적 관리항목이다.

재료비 관리를 위해서는 구입 재료에 대한 시장조사가 필수적이다.

구입처에 대한 시장조사를 위해 서울의 경우, 가락동농수산물시장이나, 구리 농수산물 도매시장, 경동시장, 노량진수산시장, 미사리 집하장 등 5~6개 시장의 물류와 가격변동정보를 항상 접하고 있어야 한다.

활어의 경우, 도시 근교 집하장이나 현지 가두리 양식장 또는 입찰하는 현장을 정기적으로 방문하여 활어의 품질과 수급 상황을 분석해야 한다. 또 인터넷을 통해 재료의 산지 가격, 도매시장의 가격 및 인터넷의 가격 등을 비교 분석하면 재료비 원가를 낮추는 방법을 찾을 수 있다. 비싸다고 다 좋은 식재료가 아니다. 제철에 나는 재료가 좋은 재료다. 따라서 제철에 나는 재료가 어디에서 나는지, 어떻게 하면 좀 더 저렴하게 구입할 수 있는지에 대한 Flow를 만들어 활용하면 제철에 맞는 신선한 식재료를 좀 더 저렴하게 구입할 수 있다.

한 횟집에서 약 500미터 떨어진 곳에 많은 양의 활어를 취급하는 횟집이 있었다. 그 집은 활어차를 가지고 있어 직접 미사리 집하장에 가서 활어를 구입했다. 그 점포에서 소요되는 활어만 싣고 오기에는 차에 여력이 충분했기 때문에 활어 차주는 다른 횟집에 공동구매를 요청함으로써 제반 경비를 절약할 수 있었고, 제안받은 다른 횟집은 신선한 활어를 저렴한 가격으로 받을 수 있었다. 게다가 활어 수급에 대한 귀중한 정보도 얻을 수 있었다. 그리고 식재료 가격은 같은 장사꾼들끼리도 잘 안 가르쳐주고 정확하지 않을 때가 많다. 대형시장을 주기적으로 방문하고 새벽에 열리는 입찰 현장을 직접 보면서 계절적인 특성이 가격에 어떤 영향을 미치는지 수시로 점검하는 노력이 필요하다.

　재료에 대한 정확한 검수를 위해 투명하며 객관적으로 판단할 수 있는 간편한 방법으로 모바일이나 PC를 활용하는 방안도 강구할 수 있다. 대규모 음식점의 경우, 재료 납품 후 3, 4개월 이후에 납품 대금을 받는 경우가 흔하다. 규모가 작더라도 재료 삽입과 함께 현금을 지불하는 경우는 반드시 적정수준의 할인을 받아야 한다. 창고가 크면 필요 이상의 재료들이 쌓이는 경향이 있다. 특히 공산품의 경우 상하지 않아 창고에 많이 쌓아두는 경우가 있는데 그것이 다 원가에 부담을 준다. 꼭 필요한 재료보관이 아니면 굳이 창고를 갖고 있을 필요는 없다.

　음식에 들어가는 재료는 조리법(레시피)대로 정확한 양의 재료가 투입되고 있는지 체크해야 한다. 재료사용매뉴얼은 주방 실장에 따라 공개가 안 되는 경우도 적지 않다. 자기만의 고유의 기술이기 때문에 공개를 꺼리는 부분이다. 이 부분은 처음 채용할 때부터 서로 약속을 해야 한다. 굳이 조리법에 대한 공개를 꺼리면 주방 실장의 고유 권한으로 인정하든지, 그렇지 않으면 다른 사람을 구해야 한다. 음식의 레시피를 공유해야 누가 만들어도 맛이 일정할 수 있다. 그런 면에서는 프랜차이즈 가맹점이 유리하다. 재료 안전재고량은 장사하는 데 필요한 기본적인 여유분으로 그 선이 유지될 수 있도록 관리해야 한다. 누가 언제 발주하고 확인할 것인지 일정한 매뉴얼로 관리하는 것이 좋다.

음식의 불량은 만드는 과정뿐 아니라 손님에게 제공되었다가도 돌아오는 반품 등 여러 가지 이유로 발생한다. 가령 라면이 너무 익어 다시 끓이는 경우, 그 버린 라면 하나로 끝나는 것이 아니라 반품이나 불량의 원인을 규명하는 과정을 통해 불량에 대한 재발을 방지할 수 있다. 그렇게 관리하기 위해 불량률관리매뉴얼이 필요하다.

▶ 원가관리 매뉴얼 체크리스트

체크포인트 점검하기
- 상 : 양호
- 중 : 긴급하지 않으나 관리를 요함
- 하 : 긴급관리를 요함

◆ 재료비 개선

☑ 업소에서 원하는 수준의 재료의 시장가격을 규칙적으로 조사하고 있는가?

☑ 각 계절에 적합한 재료를 저렴하게 구입할 수 있는 Flow 차트를 가지고 있는가?

☑ 직접적인 경쟁이 없는 업체와 공동으로 구매할 여지는 없는가?

☑ 업소에 배달되는 재료의 가격을 규칙적으로 조사하고 있는가?

☑ 충동구매를 하고 있지는 않은가?

☑ 현금 지불에 대해 할인을 받고 있는가?

✦ 재료의 사용량 관리

☑ 레시피는 공개되고 있는가?

☑ 재료는 레시피대로 투입되고 있는가?

☑ 안전재고량대로 반입되고 있는가?

✦ 불량률 관리

☑ 음식을 만들다가 버려지는 재고는 파악하고 있는가?

☑ 손님에게 제공되었다가 품질 불량으로 반입되는 경우 이유를 체크하는가?

☑ 손님이 많이 남긴 음식은 원인을 파악하는가?

접객매뉴얼

　음식점의 3대 핵심포인트는 음식의 맛과 가격 그리고 서비스다. 친절한 서비스는 고객의 기분을 좋게 하고 다시 찾게 하지만, 불친절은 아무리 맛이 좋아도 그 식당을 다시 가지 않게 하는 원흉이 된다. 외식업소의 서비스의 질은 맛 이상으로 매출에 중대한 영향을 미친다. 서비스의 질은 해당 점포의 핵심역량 중 하나로 다른 업소가 쉽게 따라올 수 없는 그 업소만의 자산이다. 따라서 고객을 접대하는 매뉴얼은 정형화되어야 하고 구체적이고 명확해야 한다.

　음식의 맛은 고객의 기대를 충족하는 것으로서 가늠할 수 있지만 '만족'은 고객의 주관적인 기대 수준에 의해 좌우된다. 객관적으로 음식 맛이 다소 못하더라도 고객의 기대에 따라 만족을 얻거나 얻지 못하는 경우가 생길 수 있다. 하지만 서비스의 기대 수준은 절대적인 관점이란 특수성 때문에 서비스 수준이 일정 수준에 미치지 못하면 음식 맛이 아무리 좋아도 고객은 만족을 얻을 수 없다. 그만큼 고객서비스는 해당 점포의 품격과 만족을 나타내는 대표적인 잣대가 된다.

미국품질관리학회(ASQC)의 보고서에서, "고객을 잃는 이유가 무엇인가?"라는 질문에서 서비스상의 문제 68%, 상품의 질 14%, 경쟁사의 회유 9%, 친구의 권유 5%, 이사 3%, 사망 1% 순으로 나타났다. 이처럼 고객이 받는 서비스의 질이 얼마나 중요한지를 반증하고 있다.

외식업소의 사업자나 종업원들은 짧은 접객 순간을 시각적, 청각적 이미지를 전략적으로 활용할 수 있는 매뉴얼이 필요하다. 따라서 밝고 온화한 표정, 단정한 용모와 복장, 상황에 맞는 부드러운 말씨 등은 고객에게 호감을 주는 이미지를 창출할 수 있는 기본적인 요소라고 말할 수 있다.

접객매뉴얼은 경청, 전화응대, 고객불만관리 및 고객접점관리매뉴얼로 나뉜다.

접객매뉴얼 :
① 경청 ② 전화응대 ③ 고객불만관리 ④ 고객접점관리매뉴얼

 경청매뉴얼

경청은 고객의 말을 단순히 듣는 것에서 그치는 것이 아니라 고객이 전달하고자 하는, 말에 내재되어 있는 동기나 정서를 파악하고 이해하는 것까지를 포함한다. 경청은 강력한 소통의 도구로 수동적으로 듣기만 하는 것이 아니라 고객의 내면으로 들어가 비판이나 판단

없이 고객의 감정을 진심으로 이해하고 받아들이는 것이다.

즉 제대로 된 경청은, 고객이 말하는 언어적·비언어적 정보와 그 안에 흐르는 맥락을 파악한 후 그 의미를 다시 고객에게 돌려주는 행위(feedback)이다.

경청의 방법에는 선택적 경청, 공감적 경청, 직감적 경청이 있다.

▎선택적 경청

듣는 사람이 상대의 말을 자신의 신념이나 고정관념의 틀 속에 넣고 듣는 행위이다. 상대가 하는 말의 의미보다 자신이 듣고 싶은 것만 듣는 경향이 높다. 선택적 경청을 하면 고객이 무엇을 원하는지 어떤 서비스를 받고 싶은지 알 수가 없다. 선택적 경청은 상대 중심이 아닌 내 중심으로 듣기 때문에 오해를 낳을 소지가 있다.

▎공감적 경청

상대 말의 실마리와 문맥 등 전후 관계를 파악하며 듣는 행위로서 고객이 주문하려는지, 물을 마시고 싶은지, 고객의 결핍상태, 즉 니즈를 파악하며 듣는 것을 말한다. 공감적 경청은 고객의 표면적으로 나타난 필요만 알 수 있다는 단점이 있다. 좀 더 고객 속으로 들어가기 위해서는 직관적 경청이 필요하다.

▎직관적 경청

의도나 욕구 등 상대방 말에 숨어있는 의미를 듣는 행위로서 고객의 진짜 want(내재된 욕구)를 듣는 행위이다. 가령 손님이 "커피 한잔 마실 수 없을까요?"라고 말을 하면 어느 정도 따뜻한 커피를 원하는지 블랙을 원하는지 설탕과 프림을 탄 커피를 원하는지 헤아리며 듣고 원하는 것을 제공하는 행위이다. 구체적인 손님의 요구사항을 알기 위해 가볍게 질문을 던지며 손님이 진짜 원하는 것을 파악하는 것이 중요하다. 특히 외식업소의 직관적인 경청은 고객과의 소통의 근간이 된다.

직감적 경청의 이점은 다음과 같다.

- 고객과의 친밀감과 신뢰성을 형성한다.
- 고객이 말하는 의도와 내재된 욕구를 파악할 수 있다.
- 대화 중에 고객의 태도나 감정을 느낄 수 있다.
- 가망고객을 단골고객이나 충성고객으로 발전시킬 수 있다.
- 고객에 대한 다양한 정보를 얻을 수 있다.
- 고객으로 하여금 해당 점포에 대한 호기심이나 기대, 설렘 등의 마음을 갖게 할 수 있다.
- 진정으로 고객에게 도움을 줄 수 있다.
- 고객이 즐겁고 행복할 수 있다.
- 해당 점포의 객단가가 올라간다.

경청 시 고려요인

- 고객이 하는 말의 핵심을 파악하고 말할 기회를 빼앗지 않는다.
- 고객이 말을 할 때는 중단시키지 않고 설득하지 않는다.

- 고객의 말을 이해하기 위해 질문하며 쉬운 말로 요약하거나 바꾸어 말해준다.
- 고객이 가진 내재된 감정과 욕구를 살피면서 판단과 비판은 삼간다.
- 고객에게 주의를 집중하며 다른 사람의 질문에는 양해를 구한다.
- 고객에 대해 불편한 감정표출을 삼간다.

바람직한 경청의 태도가 아닌 행위

- 고객이 말할 때 끼어들거나 화제를 바꾸는 행위
- 대화 중에 전화를 받거나 다른 것을 만지는 행위(예 : 볼펜 돌리기 등)
- 조금 듣고 많이 말하는 행위
- 고객이 얘기할 때 자기 생각을 장황하게 늘어놓는 행위
- 고객을 보지 않고 시선을 다른 곳에 두는 행위
- 고객이 이야기할 때 팔짱을 끼거나 다리를 꼬는 행위
- 대화 도중에 불필요하게 자리를 뜨는 행위

▌경청에 대한 언어적 피드백

경청에 대한 언어적 피드백에는 요약하기, 바꿔말하기, 반영하기, 및 맞장구치기 등이 있다.

요약하기(Summarizing)

상대의 말을 압축하고 요약해서 상대에게 피드백하는 것을 말한다. 고객의 말이 길어지거나 여러 내용이 뒤섞여 집중이 흐트러질 때

특히 유효하다. 가령 손님이 자신의 근황을 장황하게 이야기할 때, 잘 경청을 한 후에 "그러니까 ~하다는 거군요."라고 요약해서 화답하면 상대방은 자신의 말을 인정해주고 경청해준 것에 대해 기분이 좋아진다. 이 경우 손님의 기분만 좋아지는 것이 아니라 충성고객으로 발전할 가능성이 높아진다.

바꿔말하기(Paraphrasing)

고객이 한 말을 다른 방식으로 표현하는 것을 말한다. 고객이 말하는 의도에 맞게 표현을 달리함으로써 고객의 인식을 확장할 수 있다. "다시 말해, ~하다는 거군요"처럼 상대방의 말에 대한 피드백을 통해 고객은 자신에게 관심을 가져주고 성의껏 대해준다는 인식이 확장된다.

반영하기(Reflecting Back)

고객이 한 말 중에서 감정과 느낌에 해당하는 부분을 바꾸어 말하는 것을 말한다. 고객이 무슨 말을 했는지를 경청했다는 것과 고객이 하려는 말의 의미를 정확하게 이해하고 있는 것을 보여준다. "~라고 느끼셨군요. 지금 기분이 ~하군요."식으로 피드백을 하면 고객은 자신의 마음을 잘 알아준다는 느낌을 갖게 되며 기분이 좋아지고 애호도가 높아진다.

맞장구치기

맞장구는 상대방의 말에, 마음에, 행동에 적극적인 동의를 표시하는 짧고 임팩트 있는 피드백이다. 대화에서 말의 일당백의 효과를 낼 수 있는 수단의 하나인 맞장구는 대화를 화기애애하게 이끌어주고 상대방의 기분을 돋우는 매력이 있다. 맞장구는 타이밍과 톤에 의해 효과가 달라진다. 맞장구에는 몇 가지 표현 방법이 있다.

• 상대방의 말에 동의할 때

"아! 그렇군요." "네, 맞습니다!"

• 다음 말을 재촉할 때

"그래, 어떻게 되었나요?" "아! 그다음에 어떻게 하셨어요?"

• 가벼운 놀라움을 나타낼 때

"어머나!" "와우" "아! 대단하시네요."

• 동감하는 뜻을 달리 말할 때

"오늘 날씨가 정말 덥네요!" – "예, 정말 더운 날입니다."
"요즘 경기가 안 좋네요." – "다들 힘들어합니다."

█ 경청에 대한 언어적 비언어적 피드백

상대방의 말에 비언어적인 방법으로 피드백하는 방법이 'SOFTEN 기법'이다. S는 Smile, O는 Open Gesture(Posture), F는 Forward-leaning, T는 Touch, E는 Eye contact, N은 Nodding을 의미한다.

미소짓기(Smile)

매러비언 법칙에서 언급했듯이 상대를 인지하는 데 시각적 이미지가 55%를 차지한다. 첫 고객과의 응대 순간에 환한 미소는 그 어느 것보다 사람의 마음을 편하게 하고 좋은 이미지를 형성한다. 입가를 살짝 들어 올려 얼굴에 미소가 감돌게 하는 모습을 싫어할 고객은 어디에도 없을 것이다.

열린 자세(Open Gesture(Posture))

대화할 때는 허리에 손을 얹거나 팔짱을 끼는 몸짓을 피해야 한다. 팔짱을 끼는 것은 자신의 영역을 지키겠다는 무언의 암시이며 이 같은 제스처는 상대를 적대시하거나 경계한다는 뉘앙스를 풍길 수 있다.

앞으로 기울이기(Forward-leaning)

몸을 뒤로 젖히거나 옆으로 기울이거나 꼿꼿이 세우지 않고 몸을 10도에서 15도 정도 앞으로 기울인 상태에서 고객의 말을 듣는 자세는, 고객에게 관심을 기울이고 있다는 인상을 강하게 남기면서 "당신의 말을 잘 듣고 있습니다"라는 메시지를 효과적으로 전달한다.

접촉하기(Touch)

단골고객의 손을 살짝 잡아주거나 어깨를 가볍게 보듬는 행위 등, 가벼운 접촉이나 적당한 스킨십은 친밀감을 더해주며 고객과의 관계를 한층 더 끌어 올려 준다.

눈 맞추기(Eye contact)

고객의 눈이나 눈언저리를 바라보면서 대화를 나누면 고객은 자신의 말을 상대방이 성의 있게 들을 뿐 아니라 관심을 표명하고 있다는 느낌을 받게 된다.

끄덕이기(Nodding)

고개를 끄덕이는 것은 상대의 의견에 동의를 표시할 뿐 아니라 상대방의 말을 잘 듣고 있다는 느낌을 전달한다. 또 상대방에 대한 친밀도를 높일 수 있다.

전화응대매뉴얼

전화는 서로 얼굴을 볼 수 없기 때문에 상대의 나이나 직업, 성품 등을 알 수 없으며 예고 없이 답변을 요구하는 특징이 있다. 또 음성과 억양으로만 의사표시를 해야 하며 그것만으로 점포 이미지에 대한 평가를 받는다. 전화응대의 몇 가지 기본조건은 다음과 같다.

- 벨이 울리면 신속하게 받는다.
- 첫인사는 '감사합니다'를 말한 후에 반갑게 받는다.
- 발음을 분명히 하고 말의 뒷부분을 흐리지 않는다.
- 전화를 받을 때는 항상 메모 준비를 한다.
- 잘못 걸려온 전화라도 내 고객이라는 마음으로 정중하게 응대한다.
- 고객의 용건을 잘 듣되 정확하지 않으면 정중하게 다시 물어 확인한다.
- 품명, 수량, 단가, 일시, 장소 등 주문을 넣을 때나 예약을 받을 때 천천히 정확하게 통화하고 가능한 문자로 다시 확인한다.
- 응답을 명랑하고 자신 있게 함으로써 고객이 신뢰감을 갖도록 한다.
- "전화 주셔서 감사합니다" 등으로 전화를 끊을 때도 정중하게 인사한다.
- 상대방의 말을 미리 짐작해서 말하지 않는다.
- 어려운 전문용어나 오해를 불러올 수 있는 단어는 알아듣기 쉬운 단어로 바꾸어 사용한다.
- 전화를 이리저리 돌리지 말며, 부득이 돌려야 할 경우에는 직접 원하는 곳으로 돌려주든가 번호를 친절하게 알려준다.
- 전화를 끊을 때는 '감사합니다' 혹은 '좋은 하루 보내세요'와 같은 말로 마무리를 하며 상대보다 나중에 끊는다.

전화 받는 기본요령

- 벨이 울리면 가능한 3회 이상 울리기 전에 받는다. 부득이 늦게 전화를 받게 되면 "늦게 받아서 죄송합니다."라고 말한 후에 상대의 말

을 듣는다.

- 소속과 이름을 분명하게 밝힌다.
- 메모는 핵심사항을 적되 가능하면 육하원칙(5W 1H)에 따라 적는다.
- 중요한 내용은 재차 확인한다.
- 전화 통화 중에 부득이 다른 사람과 말을 해야 할 경우 상대방에게 들리지 않도록 송화기를 가리고 말한다.
- 필요시 상대방을 확인한다.
- 전화를 끊을 때는 상대방이 끊은 후에 끊는다.

▌전화 걸 때의 기본요령

- 전화 걸기 전에 말할 내용의 핵심을 미리 정리한다.
- 메모용지나 필기구, 필요한 자료 등을 옆에 준비한 후에 전화를 건다.
- 상대가 전화를 받으면 인사말과 함께 자신의 소속과 이름을 밝힌다.
- 상대가 전화를 받을 수 있는 상황인지 먼저 양해를 구한다.
- 통화 중에 끊기면 기다리지 않도록 다시 전화를 건다.
- 전화를 끊을 때는 상대가 끊은 것을 확인한 후에 전화를 끊는다.

▌받은 전화를 다른 사람에게 돌려줄 때의 요령

- 전화 받을 사람이 받을 수 있는 상황인지 확인한다.
- 연결할 때, "제가 지금 바로 연결해 드리겠습니다."와 같은 말을 한 후에 돌린다.

- 전화를 돌릴 때는 송화구를 막은 다음, 받을 사람에게 상황을 이야기한 후에 전화를 연결한다.
- 전화 받을 사람이 즉시 받을 수 없을 경우, 상황을 얘기하고 메모를 남길 것인지를 물어본다.

전화응대의 기타 방법

- 잘못 걸려온 전화의 경우 "전화번호가 다른 것 같습니다. 번호를 다시 한번 확인해 주시겠습니까?"라고 친절하게 응대한다.
- 전화 받을 사람이 없을 경우 "죄송합니다만, ○○○ 씨는 잠깐 '외출 중입니다./자리를 비웠습니다.' 몇 시쯤/잠시 후면 통화가 가능할 것 같습니다.""제가 메모 남겨드릴까요?""돌아오시면 전해 드리겠습니다." 등 자리에 없는 이유를 전하고 언제 통화가 가능한지 메모를 남기길 원하는지 등을 물어본다.

불만 전화를 받는 요령

- "죄송합니다. 저희 불찰입니다. 제가 사과드리겠습니다." 등으로 먼저 사과한다.
- 변명하지 않고 고객의 불편사항을 겸허하게 끝까지 경청한다.
- 고객의 불만 사항의 핵심을 파악한다.
- 도출된 불만 원인에 대한 해결책을 찾아 불만을 해소한다.
- 전화로 문제해결이 어려울 경우에는 다른 방법을 제시하며 양해를 얻어 전화를 끊는다.

전화응대 사례

처음 전화를 받을 때 "감사합니다. ○○○입니다. 무엇을 도와드릴까요?"

고객이 주문할 때 "~네, ~네. 지금 고객님이 주문하신 메뉴와 주소를 다시 한번 확인해보겠습니다. 저희 음식을 주문해 주셔서 감사합니다. 행복한 하루 보내세요."

고객의 불만전화 받을 때 "죄송합니다. 고객님 저희 잘못입니다. 앞으로 그런 일 없도록 조치하겠습니다."

다른 사람을 바꿔줄 때 "네, 바꿔드리겠습니다. 잠시만 기다려 주십시오."

다른 직원이 전화를 바꿔주었을 때 "전화 바꿨습니다. ○○에 근무하는 ○○○입니다."

상대가 통화를 원하는 사람이 있어 바꿔줄 때 "실례지만 누구라고 전해 드릴까요?"

상대가 통화를 원하는 사람이 통화 중에 있을 때, 또는 통화가 길어질 때 "죄송합니다. 지금 다른 전화를 받고 있는데 잠시만 기다려 주시겠습니까?" "지금 통화가 길어지고 있는데 좀 더 기다리시겠습니까, 아니면 메모를 남겨드릴까요?"

전화를 넘겨받았을 때 "예, 전화 바꿨습니다. 오래 기다리게 해서 죄송합니다. ○○○입니다."

전화를 끊을 때 "전화 주셔서 감사합니다. 좋은(행복한) 하루 보내세요!"

 **고객불만처리매뉴얼**

해당 점포의 구성원이나 각종 메뉴를 접하는 순간마다 고객은 만족과 불만족을 느낀다. 고객은 자신이 제공받은 음식이나 서비스에 대해 평가하며 그 내용을 밖으로 표출하기도 하고 그냥 지나치기도 한다. 고객 불만(컴플레인)이란, 고객이 해당 점포의 음식을 구매하는 과정이나 구매한 음식에 대한 품질이나 서비스 등에 대한 불만을 제기하는 것을 말한다. 이런 불만이나 오해 등을 해결하는 것을 고객 불만처리라고 하며 불만의 처리 상태에 따라 해당 점포의 매출은 절대적인 영향을 받게 된다. 고객의 불만을 어떻게 처리하느냐에 따라 고객과의 관계가 악화되기도 하고 오히려 불만 처리 과정을 통해 고객과의 관계가 더욱 돈독해지기도 한다.

고객 불만의 종류

- 가족이나 친지 등 개인적으로 친분이 있는 사람들에게 자신의 불만 사항을 토로하며 구매 중지나 경고성 항의 등 사적인 행동을 취한다.
- 해당 업체에 직접 항의를 하며 대상 업체에 직접 배상을 요구한다.
- 소비자보호원이나 정부 기관 등에 불만을 토로하며 배상을 요구한다.
- 법원 등에 손해배상을 청구한다.

고객 불만이 중요한 이유

- 고객 불만은 해당 점포의 제품이나 서비스 등에 대한 제반 문제점들을 알려준다. 불만고객의 95%는 불만 사항이 있어도 지적하지 않고

그냥 떠나버리고 만다.(20명 중 한 명만 이야기한다)
- 제기된 불만을 해결하는 과정을 통해 문제해결은 물론 불만 고객과의 사이가 더욱 돈독해질 수 있다.
- 종업원들에게 큰 교육자료가 된다.
- 업무를 조정하거나 직원을 재배치하는 데 합리성과 정당성을 부여한다.

따라서 고객 불만의 표출이 점포 운영에 약이 되고 침묵이 오히려 독이 된다는 사실을 잊지 말아야 할 것이다.

고객 불만의 발생원인

음식의 품질이 불량스러울 때

음식이 고객이 생각하는 것과 다르게 조리되었거나 간이 너무 짜고 맵거나 할 때, 혹은 머리카락 등 이물질이 들어있는 경우 교환이나 환불을 요구할 수 있다.

구성원들이 불친절할 때

고객이 부르는데 응답을 하지 않거나 지나치게 늦게 응답할 때, 대화 도중에 전화를 받거나 다른 사람과 길게 이야기를 나눌 때, 고객은 무시 받는 느낌을 받게 된다.

정보제공이 미흡할 때

음식을 먹는 방법이나 시설물을 이용할 때 당연히 알고 있을 것으로 생각해서 무성의하게 응답할 때 고객의 기분이 상하게 된다.

종업원이 고객에게 무리한 제안을 할 때

메뉴를 소개할 때 지나치게 높은 가격의 음식을 강권함으로써 고객으로 하여금 낮은 가격의 음식 주문에 부담을 갖게 하는 행위로 불쾌한 마음이 들게 된다.

상해를 입었을 때

가령 뜨거운 음식으로 살이 데이거나 기타 상해를 입었을 때, 신속한 대처가 미흡하면 고객은 심각하게 불만을 표출할 수 있다.

고객의 물건이 분실되었을 때

고객의 신발이나 의복 등이 찢기거나 분실되는 경우 배상에 대한 불만을 나타낸다.

지불 조건이 맞지 않을 때

상품권이나 행사제품 등의 교환이나 환불 등에 문제가 있을 때 고객은 불만을 토로하게 된다.

기타

잘못된 포장이나 계산, 광고 내용과 다를 때, 주차된 차에 손상이 가해졌을 때, 보관물을 분실했을 때 불만을 말한다.

고객의 불만이 발생했는데 불만을 표시하지 않는 이유

- 불만을 어떻게 토로할지 모른다.
- 시간과 노력을 들일 가치가 없다고 생각한다.
- 불만의 원인이 확실하지 않거나 불분명하다고 생각한다.
- 불만 처리 과정에서 사업자나 해당 점포 종업원들과의 갈등과 불편을 유발할 수 있다고 생각한다.
- 불만을 토로해도 바뀌지 않을 것으로 생각한다.
- 다시 해당 점포를 방문하지 않겠다고 생각한다.

불만 처리 7단계

- 고객의 불만을 듣는다.
- 불만의 원인을 분석한다.
- 해결대안을 마련한다.
- 고객에게 해결책을 제시한다.
- 고객의 반응에 따라 대처한다.
- 유사한 사례의 재발을 방지하기 위해 인력배치나 업무구조를 개선한다.

- 고객의 불만 처리 사례를 활용하여 유사한 상황에서의 대처방안을 매뉴얼화 한다.

고객의 불만을 효과적으로 경청하는 방법

- 편견 없이 고객의 입장에서 성의껏 듣는다.
- 고객이 말하고 있을 때는 말에 토를 달거나 평가하지 않는다.
- 고객의 말에 성실한 반응을 표출하며 듣는다.
- 정확하게 이해할 수 없는 부분은 질문을 통해 확인한다.
- 중요한 부분은 요약하거나 바꿔 말하면서 공감을 나타낸다.
- 고객이 자신의 말을 다 마칠 때까지 중간에 끼어들지 않는다.
- 중요한 부분은 기록하며 듣는다.

고객 불만 처리 시 고려사항

- 고객은 불만이 있어 문제를 제기하고 있으며 기본적으로 선하다고 생각한다.
- 고객의 입장에서 생각하는 자세를 견지한다.
- 상냥하고 침착하게 고객을 응대한다.
- 고객에 대해 선입견을 갖지 않는다.
- 응대할 때는 전문용어나 어려운 표현을 자제하고 보다 이해하기 쉽게 말한다.
- 감정의 노출을 자제하고 고객의 말을 끝까지 경청한다.
- 상황을 설명할 때는 사실을 바탕으로 명확하게 말한다.

- 내부사정을 이유로 들지 않는다.
- 변명이나 논쟁을 하지 않는다.
- 상대방에게 동감하는 자세를 견지하며 긍정적인 자세로 경청한다.

▎ 불만 고객을 더욱 화나게 만드는 7가지 대응 태도

무시

고객을 대하는 가장 나쁜 태도로서 고객이 불만을 나타낼 때 못 들은 체하거나 별것 아니라는 식으로 그냥 지나치는 응답 자세를 말한다. 종업원이 약간의 관심과 성의만 가지고 있으면 대부분 현장에서 해결할 수 있는 사소한 문제들을 크게 키운다.

무관심

'나와는 상관이 없다'는 태도로서 고객이 불만을 제기해도 듣는 둥 마는 둥 하는 무성의한 응답 태도를 말한다. 일에 대한 의욕이나 열의가 없거나 고객에 대한 책임감과 조직에 대한 소속감이 없는 직원의 경우에 주로 나타나는 현상이다.

거들먹거림

고객은 잘 알지 못하고 어수룩하다는 선입견을 가지고 있으며 고객이 불만을 표해도 자신이 더 잘 알고 있다고 으스대는 태도를 말한다.

냉담

상대를 쌀쌀하게 대하는 태도로 고객의 질문이나 요청을 귀찮게 생각하는 표정이 역력하게 나타난다.

경직

사고방식이나 태도 등이 외곬으로 치우쳐 융통성이 없는 상태로 고객이 말을 건네거나 요청을 해도 별다른 표정 없이 기계적이고 반복적으로 대하는 태도를 말한다.

책임회피

자신의 업무영역이 아니라며 긴급한 상황에도 초동조치를 취하지 않고 고객의 요청이나 질문에도 책임 한계만을 되풀이하며 다른 사람에게 떠넘기는 행위를 말한다.

규정 우선주의

고객의 불만 사항보다 항상 식당의 규정이 우선한다는 생각으로 고객이 불만을 제기해도 업소의 규정대로 준수하도록 강요하는 태도를 말한다.

이런 7가지 태도는 고객의 불만을 더 크게 만들 뿐 아니라 악성 구전으로 인해 해당 점포는 물론 계열 점포에까지 큰 파문을 불러올 수 있다.

존 굿맨의 3대 법칙

불만 고객으로부터 이익을 창출하기 위한 존 굿맨의 3대 법칙

마케팅 조사회사인 TARP사의 CEO인 존 굿맨(John Goodman)이 발견한 고객의 재방문율에 대한 '굿맨의 법칙'이 있다. 존 굿맨은 한 고객이 특정 매장을 평소처럼 아무 문제 없이 방문하면 재방문율이 10% 정도 된다고 한다. 하지만 불만을 토로하는 고객에게 잘 응대하면 재방문율은 65%나 된다고 주장하고 있다. 즉 고객이 직원의 대응에 충분히 만족했을 때 오히려 불만이 없을 때보다 더 높은 재방문율을 보인다는 것을 주장하고 있다.

존 굿맨의 3대 법칙은, 기업들에 고객만족의 중요성과 더불어 구체적으로 기업이익에 어떠한 작용을 하는지 명확하게 보여주기 때문에 매우 의미 있는 자료로 평가받는다. 존 굿맨의 3대 법칙은 굿맨 이론에서 고객들의 정서적인 불만요소를 정량적으로 지수화해 발표했다.

제1법칙 토로의 효과	제2법칙 구전효과	제3법칙 교육효과
불만을 가져도 그 상품을 구입하는 고객	부정적 구전은 긍정적 구전의 2배의 파급효과	소비자 교육은 신뢰도를 높여 호의적 구전을 기대
• 토로하지 않는 사람 9~37% 구입 • 토로하여 시기적절하게 만족한 사람 82~95% 구입	• 호의적 구전 4~5명 전파 • 부정적 구전 9~10명 전파	• 소비자 교육을 받은 고객 신뢰도 상승 • 호의적인 소문의 파급효과 기대 • 상품의 구입의도가 높아져 시장 확대에 공헌

▌존 지라드의 250명의 법칙

존 지라드(John Girard)는 30대 중반까지 40여 개의 직장을 전전했던 사람이었다. 그는 '250명의 법칙'을 깨닫고 고객 한 명 한 명에게 최선을 다함으로써, 13,001대의 자동차를 팔아 기네스북에 오른 세일즈맨이 되었다. "한 고객을 250명의 고객처럼 대하라!"는 명언을 남겼다.

"내가 일주일에 50명을 만나는데 그중 두 명이 내가 그를 대하는 태도에 불만을 가지고 있다면 그들에게 영향을 받는 사람은 한 달이면 2천 명, 1년이면 2만 5천 명이 나에게 손가락질하는 것과 같다. 지금까지 자동차 판매에 14년을 종사해왔다. 따라서 만일 내가 만나는 모든 사람 중에서 일주일에 두 명꼴로 불쾌감을 주었다면, 1년 동안 30만 명이라는 사람이 나를 비난했을 것이다."

▌교환적 관계에서 전환적 관계 정립

장사의 실제적인 성공과 실패는 고객을 '교환적' 관계에서 '전환적' 관계로 형성했느냐에 달려 있다. 즉 잠재고객을 진정한 내 고객인 '진성고객'으로 전환시켰느냐가 핵심이다. 외식업의 경우 잠재고객 즉 가망고객은 한정된다. 삼겹살집의 가망고객은 배가 고프거나 삼겹살을 먹기 원하는 사람들이다. 생선회와 초밥집의 가망고객은 직장인이나 가정주부 등 생선회를 좋아하는 사람들이다. 또 산부인과 병원의 경우는 신혼부부나 아이를 낳기 원하는 사람이 중요한 가망고객이 된다.

이와 같은 가망고객은 크게 두 부류로 나눌 수 있다. 아직 해당 사업장을 한 번도 찾지 않은 신규고객이거나, 과거에 일회성으로 거래가 있었던 고객으로 나눌 수 있다. 가망고객을 단골고객으로 만들기 위한 전환적 관계를 형성하는 것이 중요한 이유는, 진성고객을 유지하는 데 드는 비용이 신규고객을 창출하는 비용의 25%밖에 되지 않기 때문이다. 그뿐 아니라 진성고객은 입소문유포자가 되어 해당 업소의 제2의 영업사원이 될 가능성이 높다.

따라서 제공되는 제품이나 서비스에 대해 그저 대가를 지불하는 단순한 관계에서, 해당 점포나 제품을 홍보하고 소문을 퍼트리는 전환적 관계로 발전하기 위해 컨설팅이 필요하다. 교환적 관계와 전환적 관계의 특징을 다음과 같이 살펴볼 수 있다.

교환적 관계의 특징

- 사업자는 고객의 개성이나 라이프사이클 등 고객에 대해 잘 모르다.
- 고객은 가격과 제품 및 서비스 등에 대해 민감하게 반응한다.
- 고객이 왕래하던 기존 업체와 비교하며 폄하하는 경향이 있다.
- 사소한 불만족 사항을 큰 것으로 생각해 불만을 나타내거나 소문을 낸다.
- 맛이나 서비스, 인테리어 등이 훌륭해도 다른 경쟁업소를 찾는다.
- 고객은 사업자에 대해 관심이나 애정이 없다.

전환적 관계의 특징

- 사업자는 고객에 대해 잘 알고, 고객은 사업자뿐 아니라 업소의 품질, 서비스 등에 높은 관심을 갖는다.
- 사업자에게 동류의식을 느끼기도 하고 스스로 사업의 파트너로 생각한다.
- 사소한 문제나 실수에 너그러우며 오히려 제삼자에게 옹호자로서 역할을 한다.
- 가격에 민감하지 않으며 교차판매나 상향판매[8]의 대상이 된다.
- 고객점유율이 높아 사업자에게 높은 수익을 가져다준다.
- 입소문 유포자(buzzer)[9]로서 광고보다 더 효과적인 홍보대사의 역할을 한다.

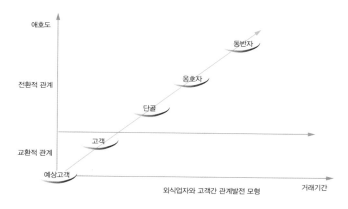

외식업자와 고객간 관계발전 모형

---

8) 교차판매(Cross-Selling) : 어떤 상품을 구입한 고객에게 다른 상품도 판매하는 전략.
예) 칼국수에 찐만두를 파는 방법.
상향판매(Up-Selling) : 어떤 상품을 구입한 고객에게 좀 더 고급의 상품을 판매하는 전략.
예) 칼국수에 소고기 편육을 파는 방법.

9) 구입한 제품이나 서비스 등에 대해 자발적으로 입소문을 내는 사람. 버즈마케팅의 일환으로 Buzzer들을 의도적으로 모으기도 한다.

🛡️ 고객접점매뉴얼

외식업소에서의 고객접점이란, "해당 점포에 고객이 접근해서 차를 주차하고 식당 안으로 들어가 음식을 먹고 먹은 음식값을 지불하고 식당 문을 나와 주차된 차를 가지고 해당 점포로부터 멀어지는 일련의 과정에서 비롯되는 모든 순간"을 '고객접점'이라 한다.

▎MOT(Moment of truth)란?

고객접점을 뜻하는 MOT는 스페인의 투우 용어인 'Moment De La Valdad'에서 유래한 말로 투우사가 소의 급소를 찌르는 순간을 말한다. 실패가 허용되지 않는 중요한 순간, 피하려 해도 피할 수 없는 순간을 의미한다. 즉 고객이 어떤 느낌을 받는 순간, 어떤 상황에서 인상이 남는 순간, 만족과 불만족이 교차하는 15초의 순간 등을 의미한다. MOT는 해당 점포의 어떤 일면과 접촉하는 일에서 비롯되며 서비스 품질에 대해 일정한 인상을 얻는 순간을 말한다.

MOT은 스웨덴의 마케팅 전문가인 리처드 노만(R. Norman)이 서비스 품질관리에 처음 사용한 개념이다. MOT는 39세의 젊은 나이로 스칸디나비아항공(SAS, Scandinavian Airlines)의 사장에 취임한 얀 칼슨(Jan Carlzon)이 1987년 『Moment of Truth』란 책을 펴낸 이후 급속히 알려지게 되었다.

스칸디나비아항공에서는 한 해에 약 천만 명의 고객들이 각각 5명의 직원들과 접촉했으며 1회 접촉시간은 평균 15초였다. 따라서 고객의 마음속에 1년에 5천만 번 회사의 인상을 새겨 넣는 셈이 된다. 칼슨은 15초 동안의 짧은 순간이 결국 스칸디나비아항공의 전체 이미지, 나아가 사업의 성공을 좌우한다고 강조했다. 이러한 진실의 순간의 개념을 도입한 칼슨은 스칸디나비아항공을 불과 1년 만에 연 800만 달러의 적자로부터 7,100만 달러의 흑자경영으로 전환시켰다. 다음은 외식업소의 진실의 순간 즉 MOT로 볼 수 있다.

- 광고나 홍보에 노출될 때
- 간판이나 POP(point of purchase advertisement) 등과 마주칠 때
- 주차장에 진입할 때
- 업소에 들어설 때
- 주문할 때
- 음식이나 각종 서비스를 제공받을 때
- 시설물을 이용할 때
- 계산하고 점포 문을 나갈 때 등

성공적인 서비스는 서비스 제공자와 소비자가 서로 대면(접촉)하는 순간에 결정된다. 따라서 서비스 접점은 서비스 차별화, 점포 이미지 및 고객만족에 영향을 미치게 되며 일반적으로 고객만족은 서비스 제공자와의 접점의 품질에 의해 결정된다. 고객과의 많은 접점에서 나쁜 인상이나 불만 요인들을 하나하나 더하여 나쁜 구전이 형성되는 것이 아니라, 곱하기 형식으로 그 파급효과는 눈덩이처럼 불어나게 된다. 결정적 순간 하나가 한 제품, 한 업체의 운명을 좌우하기 때

문에 MOT가 중요하다.

▌MOT매뉴얼

고객이 외식업소를 이용할 때 MOT는 몇 가지 중요한 부분으로 나눌 수 있다. 목적하는 외식업소에 접근할 때, 간판으로 식당을 찾을 때, 식당에 들어설 때, 실내 환경과 맞닥뜨릴 때, 주문할 때, 음식이 나올 때, 시설물 이용할 때, 계산하고 나갈 때의 MOT 등으로 나눌 수 있다.

체크포인트 점검하기
- 상 : 양호
- 중 : 긴급하지 않으나 관리를 요함
- 하 : 긴급관리를 요함

 '광고나 홍보 등에 노출될 때'의 MOT매뉴얼 체크리스트

☑ 인터넷이나 전단지 등에 출입의 방향과 불편한 부분에 대한 설명이 제대로 되어있는가?

☑ 지나치게 자랑을 하거나 내용이 어렵게 게재되어 있지는 않은가?

☑ 핵심적인 내용을 간략하게 적시하고 있는가?

☑ 스토리텔링을 적절하게 구사하고 있는가?

☑ 고객의 감성을 자극하는 내용이 들어있는가?

'점포 간판이나 POP 등과 마주칠 때'의 MOT매뉴얼 체크리스트

- ☑ 통행인이나 운전자가 잘 볼 수 있도록 간판이 설치되어 있는 가?
- ☑ 간판이 잘 모르는 외래어나 외국어로 표기되어 있지는 않은가?
- ☑ 간판 글씨가 알아보기 어렵게 흘려 쓰여 있지는 않은가?
- ☑ 간판의 크기와 문자 수가 균형을 이루는가?
- ☑ 간판의 색과 주위 배경이 잘 어울리는가?
- ☑ 간판의 내용이 점포의 특징을 잘 나타내고 있는가?
- ☑ 간판의 글씨가 많아 너무 혼란스럽지는 않은가?
- ☑ 전면간판과 돌출간판이 동일한 내용을 나타내고 있는가?
- ☑ 간판은 청결 상태를 잘 유지하고 있는가?
- ☑ 간판의 전등은 다 들어와 있는가?
- ☑ POP는 메뉴를 함축하고 있으며 제자리에 서 있는가?

 '주차장에 진입할 때'의 MOT매뉴얼 체크리스트

- ☑ 주차장 유도표지판이 잘 마련되어 있는가?
- ☑ 주차장에서 업소까지 찾기 쉽게 되어있는가?
- ☑ 주차요원이 없을 때의 주차방식은 적시되어 있는가?
- ☑ 주차 시 주의 사항이 부착되어 있는가?

고객이 업소에 들어설 때의 MOT매뉴얼 체크리스트

① '인적 서비스' MOT

- ☑ 고객이 식당 문을 열고 들어올 때 종업원들이 고객에게 시선을 집중하는가?

- ☑ 영업이 시작됐는데도 종업원들이 계속 식사를 하고 있는가?

- ☑ TV나 신문을 보거나 잡담을 하느라 손님이 들어오는 것을 모르고 있지는 않은가?

- ☑ 들어오는 손님에게 인사를 하고 자리를 안내하는가, 아니면 인사도 없이 몇 명이냐고 인원수를 먼저 물어보는가?

- ☑ 직원이 미소 띤 얼굴로 시선을 마주치며 인사를 하는가?

- ☑ 직원이 "찾아주셔서 감사합니다. 어서 오세요!"라는 멘트를 기쁜 마음으로 하고 있는가?

② '실내 환경' MOT

- ☑ 식당 한구석에 식자재가 그대로 놓여 있어 고객의 인상을 찌푸리게 하지는 않는가?

- ☑ 행주나 수건, 유니폼 등이 손님이 볼 수 있는 장소에 널려 있지는 않은가?

- ☑ 식당 내부에 집기 비품이나 신문 등이 어질러 있지는 않은가?

- ☑ 식당 안의 조명은 제빛을 내고 있는가?

- ☑ 불이 나간 전구는 없는가?

- ☑ 바닥 청소상태는 양호하고 이물질이 떨어져 있지는 않은가?
- ☑ 사진이나 표구 등이 너무 난잡하지는 않는가?
- ☑ 실내 온도는 적정한가?
- ☑ 실내공기는 잘 정화되고 있는가?
- ☑ 내실 앞에 실내화는 비치되어 있는가?
- ☑ 구두주걱은 제자리에 있는가?

'주문과정'에서의 MOT매뉴얼 체크리스트

- ☑ 방석은 비치되어 있는가, 방석에 오물은 묻어있지 않은가?
- ☑ 손님의 옷을 걸 수 있는 옷걸이는 근거리에 준비되어 있는가?
- ☑ 좌석에 앉은 다음에도 고객이 불러야만 주문을 받으러 오는가?
- ☑ 물수건은 달라고 해야 갖다 주는가?
- ☑ 메뉴판은 제자리에 놓여 있는가?
- ☑ 메뉴판은 깨끗하며 음식과 가격이 맞게 적시되어 있는가?
- ☑ 메뉴판에는 손님이 원하는 음식을 찾기 쉽게 인식표가 붙어있는가?
- ☑ 고객의 질문에 직원이 명쾌하게 답을 해줄 수 있는가?
- ☑ 종업원은 고객이 원하는 것이 무엇인지 확실히 알고 행동하는가?
- ☑ 종업원의 메이크업이 지나치게 화려하고 향이 너무 진하지 않는가?

- [✓] 종업원의 유니폼과 의복이 몸에 잘 맞지 않거나 보기에 민망할 정도로 난잡하지 않는가?
- [✓] 종업원이 고가의 음식을 강요하지는 않는가?
- [✓] 저단가의 음식을 주문하는 고객을 무시하지는 않는가?
- [✓] 바쁘다는 핑계로 음식 주문을 통일하는 쪽으로 유도하지는 않는가?
- [✓] 미끼 상품의 주문에 대해 불필요한 토를 달지는 않는가?
- [✓] 고객이 주문하는 중에 전화를 받거나 다른 사람과 장시간 이야기하지는 않는가?
- [✓] 고객의 불만이나 건의사항을 메모하는가?

 ### '시설물 이용 시' MOT매뉴얼 체크리스트

- [✓] 화장실의 청결은 잘 유지되고 있는가?
- [✓] 세면대 주위에는 때가 껴 있지는 않은가?
- [✓] 화장실 유리는 깨끗한가?
- [✓] 내부 화장실의 경우 식당 콘셉트에 맞는 음악이 흐르는가?
- [✓] 탈취제는 제 기능을 하고 있는가?
- [✓] 비누, 휴지, 타월 등은 깨끗한 상태로 제자리에 놓여 있는가?
- [✓] 몸에 해로운 락스나 유해물질, 인화물질 등이 방치되어 있지 않은가?
- [✓] 온수는 나오는가?

- ☑ 꽃이나 그림 등으로 아늑한 분위기를 연출하고 있는가?
- ☑ 외부에 화장실이 있는 경우라도 자기 점포를 잘 알리고 있는가?
- ☑ 외부화장실에 가는 표식이 설명 없이도 찾을 수 있게 준비되어 있는가?
- ☑ 외부화장실이라도 청결 상태는 잘 유지되고 있는가?

'계산하고 나갈 때' MOT매뉴얼 체크리스트

- ☑ 명세를 정확하게 말해주는가?
- ☑ 계산대에서 계산원이 다른 일을 하면서 계산은 하고 있지 않은가?
- ☑ 계산 중에 전화를 받거나 다른 주문을 받지는 않는가?
- ☑ 계산 중에 껌을 씹거나 음식을 먹고 있지는 않은가?
- ☑ 계산대에서 손님에게 시선을 집중하면서 미소 띤 얼굴로 계산하고 있는가?
- ☑ 적은 금액의 카드 손님을 불편하게 하지는 않는가?
- ☑ 불편사항을 말하는 고객에게 이유나 변명을 대거나 다른 손님은 그렇지 않다며 항변하지는 않는가?
- ☑ 계산하는 손님에게 '부족한 것 없었느냐'는 질문 대신에 '잘 드셨느냐'는 오만한 질문은 하고 있지는 않은가?
- ☑ 문을 나서는 손님에게 '좋은 하루 보내세요'라는 인사를 하는가?

고객관리매뉴얼

　가망고객을 단골로 만들기 위한 신규고객관리는 물론 기존고객의 이용 상황이나 기호 등의 정보를 분석해 그들이 원하는 서비스를 제공하는 것이 고객관리이다. 고객관리는 신규고객 유입으로 매출을 창출하며 기존고객의 충성도를 높이면서 고객을 유지하고 단골고객의 생애가치를 증대시킴으로써 재구매를 확대하기 위한 노력으로 이루어진다.

　고객관리매뉴얼은 신규고객확보매뉴얼과 재구매율 제고 및 고객유지매뉴얼로 나뉜다.

고객관리매뉴얼 :
① 신규고객확보 ② 재구매율 제고 및 고객유지매뉴얼

 신규고객 확보

새로운 고객을 확보하기 위해서는 고객에게 필요한 이익을 마련하고 고객이 만족할 수 있도록 적절한 혜택과 가치를 제공해야 한다.

고객은 점포브랜드에 대한 정보, 메뉴, 이벤트 및 주차 안내 등 다양한 정보와 편리성 등을 제공하는 점포를 선호한다. 목표고객이 원하는 혜택과 가치를 제공하여 고객을 만족시킬 때 신규고객을 확보하고 그들과의 관계를 지속할 수 있다. 신규고객확보와 고객유지를 위해 고객만족도를 조사하거나 표적집단면접법 등을 활용할 수 있다.

▶ 신규고객 획득 매뉴얼 체크리스트

체크포인트 점검하기
- 상 : 양호
- 중 : 긴급하지 않으나 관리를 요함
- 하 : 긴급관리를 요함

광고 및 홍보

☑ 전단지, 지역신문, 케이블, 인터넷 등에 광고하고 있는가?

☑ 전단지에는 목표 고객의 필요를 채울 내용을 담고 있는가?

☑ 지인 등 입소문 유포자를 확보하여 점포를 알리고 있는가?

판촉

☑ 판촉물의 내용은 잠재고객이 필요로 하는 것인가?

☑ 이벤트는 목표 고객에게 인상을 남길 수 있는가?

☑ 잠재고객이 참여할 수 있도록 시식을 준비하고 실행하는가?

☑ 이벤트나 할인폭이 현저히 큰 로스리더(미끼상품)를 잘 알리고 있는가?

편리성

☑ 무료주차와 친절한 안내를 준비했는가?

☑ 점포에 대한 정보를 적절하게 제공하는가?

POP[10]

☑ 점포의 정보를 함축하고 있는가?

☑ 고객이 알아보기 쉽게 핵심을 잘 나타내고 있는가?

☑ 스토리텔링으로 고객의 마음을 잘 끌고 있는가?

☑ 너무 많은 내용을 담고 있지는 않은가?

재구매율 제고 및 고객유지매뉴얼

10] POP(point of purchase advertisement) : 일명 '구매 시점 광고'로 판매점 주변에 설치하는 일체의 광고나 디스플레이류를 말함.

충성도가 높은 고객은 재구매율이 높은 고객을 말한다. 충성도가 높은 고객은 재구매율이 높을 뿐 아니라 가격에도 덜 민감하게 반응한다. 가령 서울 광희동에 있는 평양냉면은 충성도가 매우 높아 고객들은 프리미엄 가격을 기꺼이 수용하며 장시간 기다리면서까지 그 점포를 고집한다. 충성고객이 많으면 많을수록 해당 점포는 더 많은 수익을 창출할 수 있다. 고객의 충성도를 높이기 위해 목표고객의 정보를 바탕으로 맞춤식 혜택을 제공하거나 고객의 불만 사항이나 충고에 대해 적극적으로 대처해야 한다.

▶ 재구매율 제고 및 고객유지매뉴얼 체크리스트

체크포인트 점검하기
- 상 : 양호
- 중 : 긴급하지 않으나 관리를 요함
- 하 : 긴급관리를 요함

프로모션(촉진)

☑ 목표 고객의 정보를 잘 파악하고 있는가?

☑ 3개월에서 6개월 이상의 '휴면고객'에게 Direct Mail을 보냈는가?

☑ 고객이 원하는 방식으로 혜택을 제공하는가?

☑ 신메뉴를 먼저 맛볼 수 있는 시스템을 운영하는가?

☑ 고객의 정보는 꾸준히 수집하고 있는가?

고객조사

☑ 일정 기간(약 3개월)에 한 번씩 '고객만족도조사'를 실시하는가?

☑ 하루에 몇 명의 고객과 이야기를 나누는가?

☑ 고객이 지적한 것은 바로 시정하는가?

관계마케팅

☑ 비일상적인 고객의 욕구를 충족시키기 위해 종업원에게 자율성을 부여하는가?

☑ 새로운 아이디어를 받아들이는 사업장문화를 형성하고 있는가?

☑ 모든 의사결정과 프로세스에 고객의 욕구가 반영되어 있는가?

☑ 내부고객에게 우수한 서비스를 제공함으로써 외부고객에게 전가되게 하는가?

☑ 고객서비스 정보를 직원에게 분명하게 전달하는가?

☑ 교차판매나 상향판매 등을 통해 구매량 또는 구매횟수를 늘리고 있는가?

고객만족도 조사

해당 점포의 고객 만족 수준을 파악하기 위한 정기적인 설문조사는 기존고객유지 및 재구매 확대를 위해 매우 중요한 경영 활동의 하나이다. 설문조사를 통해 점포의 문제점을 파악하고 영업의 방향을 설정하는 데 많은 도움을 받을 수 있다.

고객만족도 설문 항목은 점포의 위치와 업종, 주된 품목, 점포 규모 및 고객층에 따라 다소 변경하여 사용해도 무방하다. 아래 설문 조사는 내방고객들을 상대로 실시하며 설문에 응하는 고객들에게는 성심껏 준비한 선물이나 추가 음식 등을 제공함으로써 답례에 정성을 기해야 한다.

다음은 설문 항목을 완성하는 데 고려할 점들이다.

- 쉽고 구체적인 단어를 사용한다.
- 고객이 응답하기 쉽게 가능한 폐쇄형(객관식) 질문을 사용한다.
- 응답 항목 내용 중에 중복이 있어서는 안 된다.
- 다지선다형 질문은 가능한 응답을 모두 제시한다.
- 제시된 단어의 의미를 명확하게 설명해야 한다.
- 최소한 10개 이상의 문항을 준비한다.
- 표본의 수는 최소한 30개 이상[11]으로 한다.
- 소득과 같은 대답하기 다소 예민한 질문은 가능한 뒤로 돌려 질문한다.
- 고객들이 정확한 답을 모를 경우에는 중간값을 선택하는 경향이 있다는 것을 감안한다.
- 추가 설명이 필요하고 고객의 욕구를 명확하게 인식하기 위해 개방형(주관식) 질문을 할 수 있다.

---

11) 표본의 크기가 30개 이상이 되면, 모집단의 모습을 닮아가며 모집단의 평균값과 거의 같은 값이 된다. 즉 표본이 30개가 되면 정규분포로 인정될 수 있다.

1. 고객님의 성별을 선택해 주십시오.

　① 남자　　　　② 여자

• 고객 성별 : 고객의 성별에 따라 맛과 분위기는 물론 업소의 인테리어 등
　에도 많은 영향을 미친다. 특히 여성 고객이 많으면 디테일에 강해야 한
　다. 가령 식기나 물잔, 음식의 데코레이션 등 다소 사소한 부분에도 상당
　한 노력을 기울여야 한다.

2. 귀댁 또는 귀사에서 저희 업소까지 거리는 어느 정도 됩니까?

　① 99미터 이하　② 100~199미터　③ 200~299미터

　④ 300~390미터　⑤ 400미터 이상　⑥ 다른 지역 거주

　⑦ 기타(　　)

• 집이나 사무실에서 업소까지의 거리 : 업소까지의 거리는 상권을 분석하
　고 고객이 접근할 수 있는 지리적인 한계를 나타낼 뿐 아니라 해당 점포
　의 입지의 장단점을 파악하는 데도 많은 도움을 준다. 또 해당 업소가 가
　질 수 있는 구매력을 가늠하는 데 유용한 자료로 활용할 수 있다.

3. 귀댁, 귀사에서 외식할 때 의사결정은 주로 누가 하십니까?

　① 본인　② 자녀(대리 또는 과장)　③ 배우자(팀장)

　④ 가족 간 합의(여직원)　⑤ 기타(　　)

- 외식의 결정권 : 직장이나 가정에서 업소와 메뉴를 결정할 때 공동의사 결정이 일반적이지만 실제로는 특정인이 하는 경우가 적지 않다. 누가 결정하느냐에 따라 서비스의 형태와 내용이 달라질 수 있다. 가령 직장에서 여직원이 결정권을 가지고 있다면 결정권자가 선호하는 서비스를 제공하며 결정권자에게 어떤 방식이든 감사를 표하는 것을 잊지 말아야 한다.

4. 고객님은 누구의 권유로 저희 업소를 방문하셨습니까?

　　① 본인　② 동료나 가족　③ 전단지　④ 블로그
　　⑤ 모바일광고　⑥ 기타(　　　　　)

- 업소방문 동기 : 잠재고객이 지나가다가 무심코 들를 수도 있고 동료나 가족, 전단지, 블로그 또는 광고 등을 참고로 업소를 방문하기도 한다. 업소를 방문하게 되는 동기는 업소에서 프로모션을 하는 데 결정적 역할을 한다.

5. 저희 업소는 얼마나 자주 방문하십니까?

　　① 처음　② 주 2~3회　③ 주 1회　④ 월 1회　⑤ 기타(　　)

- 외식의 횟수 : 고객의 외식하는 횟수는 시장수요를 짐작하게 하고 가망고객들을 바탕으로 매출액을 예상할 수 있으며, 더 나아가서 이익을 가늠하는 잣대가 된다. 또 외식주기를 알게 됨으로써 재료를 준비하고 영업방침을 설정하는 데 많은 도움을 받을 수 있다.

6. 고객님이 저희 업소에서 주로 어떤 메뉴를 주문하십니까?

  ① 식사 및 안주류( )   ② 음료 및 주류( )

• 고객이 원하는 메뉴 : 고객이 원하는 메뉴는 해당 지역에서의 잠재고객군
  의 음식 선호도를 알 수 있는 계기가 된다. 따라서 신메뉴를 개발하거나
  복합메뉴를 구성할 때 중요한 참고자료를 제공한다.

7. 귀댁의 주거형태는 어떻게 됩니까?

  ① 단독주택 ② 아파트 ③ 연립/빌라/다세대 ④ 상가주택
  ⑤ 오피스텔 ⑤ 기타(   )

• 잠재고객의 주거형태 : 고객의 주거형태는 주거지의 경우 해당 상권의 구
  매력을 나타내는 지표로 사용함으로써 매출액을 가늠할 수 있는 잣대로
  활용할 수 있으며, 그들의 라이프스타일은 고객의 필요와 욕구를 파악할
  수 있는 기회를 제공한다.

8. 고객님의 연령은 어떻게 됩니까?

  ① 19세 이하 ② 29세 이하 ③ 39세 이하 ④ 49세 이하
  ⑤ 59세 이하 ⑥ 60세 이상

• 고객의 나이 : 고객의 연령에 따라 식당을 선호하는 관점이 다르고 식당
  을 정할 때 정보 원천도 다 다르다. 가령 20대에서 30대 고객의 경우 40
  대나 50대보다 분위기, 인테리어, 편리성 및 청결 등에 상대적으로 높은
  가점을 주고 있으며, 음식점을 찾는 정보 원천으로는 인터넷이나 모바일
  을 활용하는 경우가 월등하게 높게 나타난다. 이처럼 해당 점포의 목표
  고객의 연령대에 따라 음식의 맛과 가격, 분위기 등뿐 아니라 촉진의 방
  법도 다르게 진행해야 한다.

9. 고객님이 저희 업소를 다시 방문하신 이유는 무엇입니까?

① 맛 ② 가격 ③ 친절/서비스 ④ 인테리어/분위기

⑤ 사업자 ⑥ 가족이나 친지의 권유 ⑦ 기타(   )

- 고객의 재방문 이유 : 신규고객의 재방문 이유는 해당 점포의 강점이 될 수 있으며 경쟁업체와의 차별점이 될 수 있다. 재방문 이유는 고객이 필요로 하는 요소에 해당되므로 그 부분은 더욱 강화해 성장의 기회로 삼을 수 있다.

아래 평가란의 좌측과 우측에 적혀있는 단어를 보시고 위의 각 항목이 왼쪽 단어에 가까우면 1에 가까운 숫자로, 오른쪽 단어에 가까우면 6에 가까운 숫자를 표시해 주시기 바랍니다.

① 맛

나쁘다	1-2-3-4-5-6	좋다

② 가격

저렴하다	1-2-3-4-5-6	비싸다

③ 서비스 및 친절

불친절하다	1-2-3-4-5-6	친절하다

④ 분위기 및 인테리어

내 스타일 아니다	1-2-3-4-5-6	내 스타일이다

⑤ 가시성(점포 찾는 데 어려움 정도)

찾기 힘들다	1-2-3-4-5-6	쉽게 찾았다

⑥ 접근성(교통 및 도보환경)

불편하다	1-2-3-4-5-6	불편하지 않다

⑦ 직원 태도

마음에 안 든다	1-2-3-4-5-6	마음에 든다

⑧ 고객님께서 가장 좋아하는 음식점을 6점이라고 가정한다면 저
   희 업소는 몇 점을 주시겠습니까?

좋아하지 않는다	1-2-3-4-5-6	매우 좋다

추가한다면 저희 업소에 어떤 메뉴가 있으면 좋겠습니까?

(   )

끝으로 저희 업소의 좋은 점과 개선될 부분을 적어주시면, 고객님
의 기호에 맞도록 개선하는 데 최선의 노력을 다하겠습니다.

(   )

표적집단면접법(FGI : Focus Group Interview)

표적집단면접법은 신메뉴에 대한 사전테스트 방법으로 사용하거나, 매출증대를 위한 고객의 니즈와 욕구 및 소비 트렌드를 분석하는 방법이다. 표적집단면접법은 규정된 규범 없이 자유스럽게 소수와 대화를 나누는 과정에서 도출된 의견을 경영에 반영하는 시장조사의 한 방법이다. 이 면접법은 참여자의 의견을 도출해냄으로써 고객의 욕구는 물론 소비 트렌드에 대한 정보를 얻을 수 있다.

참여 인원은 6~10명이 적당하며 가능한 동질적인 사람들로 구성하되 진행은 두 명이 두 시간 이내로 하는 것이 바람직하다. 표적집단면접법은 신속하게 결론을 도출하고 비용이 비교적 적게 소요되며 유연성이 높고 실제 자료를 얻을 수 있는 장점이 있는 반면, 표적집단을 만들어야 하며 분위기를 조성해야 하고 인터뷰를 주도해 나가는 기술이 필요하다.

포커스그룹(특정 주제에 대해 관심이 있는 그룹)과의 인터뷰는 먼저 목적을 충분히 이해시키고 인터뷰의 진행 과정과 인터뷰에서 얻은 정보를 어디에 사용할 것인지를 설명한다. 그렇게 함으로써 참가한 모든 사람이 인터뷰의 목적을 완전히 알게 하는 것이 중요하다.

▎표적집단면접법의 특징

· 시너지효과 : 개인을 조사하지 않고 그룹을 조사함으로써 보다 다양한 정보, 안목, 그리고 아이디어를 창출할 수 있다.

- 도출성 : 개인 면담에서 쉽게 도출할 수 없는 아이디어를 그룹과 대화함으로써 도출할 수 있다.
- 눈덩이 효과 : 한 사람의 의견이 즉시 많은 사람의 의견에 불을 당긴다.
- 적극성 : 개인이 아닌 집단의 의견을 파악하기 때문에 참가자들이 적극적으로 자기의 의견을 개진한다.
- 자발성 : 질문에 꼭 답할 필요가 없기 때문에 부담 없이 의견을 표출한다.
- 시간 : 빠른 시간 안에 참가자들의 의견을 수렴한다.

시설·위생관리매뉴얼

시설·위생관리는 해당 점포의 효율을 높이며 고객의 건강과 안전은 물론 해당 업소의 인적 요원들 간의 업무를 원활하고 안전하게 수행하기 위한 규칙을 말한다. 시설·위생관리매뉴얼은 점포환경관리, 시설안전관리, 위생관리매뉴얼로 나뉜다.

시설·위생관리매뉴얼 :
① 점포환경관리 ② 시설안전관리 ③ 위생관리매뉴얼

점포환경관리

점포환경관리의 대표적인 활동이 5S운동이다. 5S의 S는 정리, 정돈, 청소, 청결, 생활화(습관화)를 뜻하는 Seiri, Seiton, Seisoh, Seiketsu, Shitsuke의 일본어 머리글자이다. 5S관리의 실천은 점포의 낭비 요소를 제거함으로써 업무의 효율을 높이는 데 그 목적이 있으며, 점포를 관리하는 데 꼭 필요한 일상 업무를 말한다.

- 정리 : 불필요한 것을 없애는 활동으로 자원, 공간, 창고, 재고 등의 낭비를 제거함으로써 원가를 낮추는 데 그 목적이 있다.
- 정돈 : 안전과 품질, 능률을 고려하여 필요한 것을 기능적으로 보관하는 것을 말한다. 작업시간과 전환시간을 단축함으로써 업무의 능률을 높이는 활동이다.
- 청소 : 작업환경을 불합리가 없는 깨끗한 상태로 만드는 것으로 종업원이나 고객으로 하여금 신선하고 흡족한 마음이 들게 하는 활동이다.
- 청결 : 정리·정돈·청소된 상태를 유지하는 것으로, 안전한 사업장은 물론 소모품의 수명을 연장시키고 품질을 향상시켜 고객의 신뢰를 얻을 수 있다.
- 생활화(습관화) : 정해진 올바른 습관을 생활화하는 것으로 정기적 진단과 자주적 관리를 통해 고객의 욕구를 만족시키고 매출의 증대를 가져오는 활동이다.

▌5S 추진 순서

① 청소의 대상, 담당, 구역, 도구를 준비한다.
② 변화 전·후를 같은 장소에서 촬영한다.
③ 촬영한 사진의 일자와 함께 문제점과 개선한 내용을 적는다.
④ 추진한 사항의 예상 효과를 적는다.

개선 전	개선 후
사진	사진
현상 및 문제점	개선 내용

예상 효과	품질( ). 원가( ). 시간( ). 안전( ). 분위기( )

 ## 시설안전관리매뉴얼

시설의 안전은 내방고객뿐 아니라 업소에서 일하는 직원들의 건강과 안전을 위해서도 매우 중요한 사안이다. 아래 체크리스트를 잘 관리하여 시설의 안전관리를 도모할 수 있다.

▶ 시설안전관리 매뉴얼 체크리스트

체크포인트 점검하기
- 상 : 양호
- 중 : 긴급하지 않으나 관리를 요함
- 하 : 긴급관리를 요함

- ☑ 점포 안팎의 시설물들을 서류로 관리하고 있는가?
- ☑ 시설물과 집기 비품에 대한 관리자를 지정하여 관리하고 있는가?
- ☑ 시설 및 장비의 적정온도가 유지되고 있는가?
- ☑ 가스라인이나 기타 장애물에 손님이나 직원이 걸려 넘어질 위험은 없는가?
- ☑ 뜨거운 음식은 손님이 상해를 입지 않도록 안전하게 음식을 제공하는가?
- ☑ 고객의 안전을 위해 견고한 유리 등을 사용하고 있는가?
- ☑ 화장실이나 객장 내에 유독물질 등이 방치되어 있지는 않은가?
- ☑ 식탁이나 실내 모서리는 라운드 처리가 잘 되어 있는가?
- ☑ 아이들 놀이기구는 규칙적으로 안전점검을 받고 있는가?
- ☑ 화재 시 바로 진화할 수 있는 소방기구 등은 제자리에 있는가?
- ☑ 장비나 기구 등의 응급처리요령을 직원들이 숙지하고 있는가?

🐝 위생관리매뉴얼

외식업소의 가장 기본적인 관리는 위생에서 시작된다. 사람이 먹는 음식을 다루는 업종이므로 무엇보다 중요한 것이 위생관리이다. 위생관리는 체크리스트를 잘 관리함으로써 먹거리에 대한 위험을 미리 방지하고 안전을 유지하는 것을 그 목적으로 한다.

체크포인트 점검하기
- 상 : 양호
- 중 : 긴급하지 않으나 관리를 요함
- 하 : 긴급관리를 요함

☑ 작업자는 머리카락이 나오지 않도록 위생 모자를 쓰고 음식을 만들고 있는가?

☑ 위생복, 앞치마를 착용하며 장신구 등은 빼고 작업을 하고 있는가?

☑ 표시사항, 유통기한, 원산지, 중량, 포장상태, 이물혼입 등을 확인하는가?

☑ 검수가 끝난 식재료는 곧바로 냉장·냉동 보관(외부포장 제거 후 조리실 반입)하는가?

☑ 검수 기준에 부적합한 재료는 자체규정에 따라 반품 등의 조치를 취하고, 그 조치내용을 검수 일자에 기록·관리하는가?

☑ 재료의 위생적인 관리를 위하여 냉장/냉동고 온도 확인 및 청결관리, 보관기준, 구분보관 등을 준수하고 있는가?

☑ 사용한 조리기기는 반드시 세척·소독 후 보관하여야 한다. 기구, 용기 등의 세척·소독 방법으로는 표면의 식품 찌꺼기를 제거하고 물과 세척제를 이용하여 세척한 다음 소독제를 이용, 소독한 후 자연 건조를 시키는가?

☑ 재료의 소독은 식품첨가물로 허가받은 차아염소산나트륨, 차아염소산수, 이산화염소수, 오존수 등의 제품을 사용하고 있는가?

☑ 식품 등을 보관하는 원료보관실, 제조가공실, 조리실, 포장실 등의 내부에 위생 해충을 방제 및 구제활동을 정기적으로 하고 있는가?

☑ 작업장 바닥은 내수성 재질을 사용하고 배수구 덮개를 설치하여 음식물 찌꺼기로 배수구가 막히지 않도록 관리하고 있는가?

☑ 정수기는 업체에 정기적인 필터 교체 및 내부 청소를 정기적으로 의뢰하고 상수도는 물탱크의 수질관리 및 청소상태를 확인하고 있는가?

☑ 바닥/벽/천장, 냉장고, 조리기구 등 시설/기기 등은 정기적인 청소 및 세척·소독을 하고 있는가?

☑ 자외선 소독기는 자외선램프의 청결과 점멸 상태를 확인하고 꺼진 램프는 교체 후 사용하고 있는가?

☑ 미끄러지거나 칼날(베임·절단)사고 등을 방지하기 위해 바닥 오염물(기름, 찌꺼기) 발생 시 즉시 제거하고 있는가, 특히 무거운 물건 운반 시 바닥 상태 및 주변 장애물 등을 확인하고 있는가?

☑ 무거운 물건은 2인 이상 함께 들거나 손수레 등을 이용하고 있는가?

☑ 압력이 있는 경우 개방하지 않는 것을 알고 있는가?

아무 하는 일 없이 시간을 허비하지 않겠다고
맹세하라.
우리가 항상 뭔가를 한다면 놀라우리만치 많은 일을
해낼 수 있다.

– 토마스 제퍼슨

5장

외식업 사장이 꼭 알아야 할
"세금, 회계 및 노무"

세금 및 회계관리

소상공인(외식업자)의 절세는 세금의 종류와 그 의미를 파악하고 장부기장을 하는 것에서 출발한다. 우리나라 세금의 대부분은 자진신고·자진납부제도 과세방식을 채택하고 있다. 부가가치세는 물론, 종합소득세와 법인세도 납세자가 스스로 신고서를 작성하고 계산된 세금도 스스로 납부해야 한다. 자진신고·자진납부를 하지 않는 경우 가산세를 부담하게 된다.(과소신고가산세 : 10%, 무신고가산세 : 20%, 부당과소·무신고가산세 : 40%, 미납부가산세 : 연 약 11%)

외식업 사업자가 납부할 세금의 종류에는 부가가치세, 종합소득세 및 법인세, 지방소득세(소득할주민세)[12]로 나눌 수 있다. 부가가치세는 재화나 용역의 공급에 대한 부가가치에 대하여 사업장 관할 세무서

---

12) 소득할은 소득세할·법인세할 및 농지세할을 총칭하는 것이다. 소득세할은 소득세법의 규정에 의해 부과된 소득세액을 과세표준으로 하여 부과하는 주민세를 말한다.(지방세법 제172조 2호·3호)

에 납부하며, 종합소득세 및 법인세는 1년간 발생한 소득에 대하여 개인은 종합소득세를 법인은 법인세를 납부한다. 지방소득세(소득할주민세)는 종합소득세, 법인세 과세표준에 지방소득세 세율을 적용하여 납부한다.

세금 및 회계관리
· 부가가치세 · 종합소득세
· 기장의무, 간편장부와 복식부기의 차이

◆ 쉽게 익히는 세금의 종류

🐛 부가가치세

　부가가치세는 제품이나 서비스의 제공과정에서 얻어지는 부가가치에 대해 부과하는 세금이다. 자신이 만든 가치에 세율을 곱해 계산하는 세금으로 원칙적으로는 사업자가 내는 세금이 아니고 소비자가 부담하는 세금이다. 단지 사업자가 세금을 받아서 세무서에 납부만 하게 된다. 외식업의 경우 매장에서 음식을 팔고 받는 돈에는 부가가치세가 포함되어 있지만, 대부분의 식당들이 실제 음식값과 부가세를 별도로 받지 않기 때문에 부가세를 납부할 때는 사업자의 마진에서 나가는 돈이라는 생각이 든다. 따라서 부가세는 별도 통장으로 관리하는 것이 바람직하다.

　부가가치세는 소비자로부터 받는 매출세액에서 매입하면서 부담한 매입세액과 의제매입세액 등을 공제하여 계산한다.

김치찌개 1인에 11,000원에 파는 경우(공산품 2,200원, 면세품 1,800원 구매 시)

① 김치찌개 1인분 11,000원의 매출세액(공급가액×10/110) : **1,000원**
② 매입세액(매입한 공산품 2,200원에 대한 부가가치세. 매입가액10/110) : **200원**
③ 의제매입세액(매입액 1,800원×8/108) : **133원**
④ 신용카드매출전표 발행 세액공제(발행액의 1.3%) : **143원**
⑤ 납부할 부가가치세는 [①-(②+③+④)] = **524원**

▌의제매입세액공제

면세로 공급받은 농·축·수·임산물 및 광물(소금)을 원재료로 하여 생산한 재화 또는 용역이 부가가치세 과세 대상인 경우에는, 최종소비자의 부가가치세 부담은 오히려 면세로 인하여 증가한다.(누적 효과)

이 같은 불합리한 부분을 시정하기 위해 실제로 당해 사업자가 받은 세금계산서상의 매입세액은 없지만 구입 가격의 일정 비율에 해당하는 금액을 매입세액으로 보아 매출세액에서 공제하는데 이를 '의제매입세액공제'라고 한다.

면세인 농·축·수·임산물 및 광물(소금)을 가공하여 과세하는 재화 또는 용역을 생산하는 과세사업자만 대상이 된다.(면세사업자는 대상이 아님) 공제율은 음식업의 경우에는 개인은 8/108, 법인은 6/106이다.(과세표준 2억 원 이하 개인 9/109→'23.12.31까지 적용)

증빙서류는 의제매입세액공제를 받고자 하는 사업자는 예정신고 또는 확정신고와 함께 다음의 증빙서류를 제출하여야 한다.(신청자에 한해 공제가 가능하다)

- 매입처별계산서합계표(면세사업자는 세금계산서 대신 '계산서'를 발행한다)
- 신용카드매출전표수취명세서

◆ 공제 한도

구분	과세표준	공제율		
법인	전체	매출액의 30%(2023.12.31.까지 50%)		
개인	구체적 기준	2023.12.31까지		2024.1.1. 이후 (업종 구분 없이)
		음식점	기타	
	과세표준 1억 원 이하	매출액의 75%	65%	50%
	과세표준 1억 원 초과 2억 원 이하	매출액의 70%		
	과세표준 2억 원 초과	매출액의 60%	55%	40%

◆ 의제매입세액공제율

	구분	공제율
음식점	①개별소비세법 제1조 제4항에 따른 과세유흥장소의 경영자	102분의 2
	② ①외의 음식점 경영하는 사업자 중 개인사업자	**108분의 8**
	③ ① 및 ② 외의 사업자	106분의 6
제조업	① 과자점업, 도정업, 제분업 및 떡류 제조업 중 떡방앗간을 경영하는 사업자	106분의 6
	② ①외의 제조업을 경영하는 사업자 중 '조세특례제한법' 제5조 제1항에 따른 중소기업 및 개인사업자	104분의 4
	③ ① 및 ② 외의 사업자	102분의 2
상기 외의 사업		102분의 2

▍사업용 신용카드제도

재화나 용역을 공급받는 경우 세금계산서를 받거나 신용카드매출 전표를 수취하여야 한다. 일반과세자로부터 재화나 용역을 공급받고 사업용 신용카드를 등록한 후 사용하면 세금계산서나 계산서를 받지 않아도 매입세액이나 의제매입세액공제를 받을 수 있다. 사업용 신용 카드의 등록은 사업용으로 사용할 신용카드를 지정해서 국세청 홈택 스(www.hometax.go.kr)에 등록하면 된다. 최대 50개까지 등록이 가능 하다.

▍신용카드매출전표 발행 세액공제

일반과세자 중 영수증 교부 대상인 개인사업자(주로 최종소비자를 대 상으로 하는 사업자를 말하는 것으로 음식점업이 해당됨)와 간이과세자가 판매 대금을 신용카드(또는 직불카드)로 받고 신용카드매출전표(또는 직불카 드영수증)를 발행하는 경우, 직전 연도의 재화 또는 용역의 공급가액 이 사업장 기준 10억 원 이하의 개인사업자는 2024년 1월부터 그 발 행금액의 1%(2023.12.31.까지는 1.3%)에 상당하는 납부세액을 연간 500 만 원(2023.12.31.까지는 연간 1,000만 원) 한도에서 공제한다. 이 제도를 '신 용카드매출전표발행세액공제제도'라 한다. 단, 간이과세자의 경우 2021.7.1. 이후 공급분부터는 간이과세자 중 연 매출이 4,800만 원 이상인 사업자는 세금계산서를 발행할 수 있다. 다만 신규로 사업을 시작하였거나 매출액 기준 미만 사업자는 세금계산서 발행 의무가 면제되어 기존과 동일하게 영수증을 발급할 수 있다.

▌부가가치세 과세기간과 신고·납부기간

부가가치세의 과세기간은 1년을 6개월씩, 1기(1월 1일~6월 30일)와 2
기(7월 1일~12월 31일)로 나눈다. 단 간이과세자의 경우 1월 1일부터 12
월 31일까지를 하나의 과세기간으로 하며, 과세기간이 끝난 후 25일
이내 신고·납부해야 한다. 또 법인사업자는 각 과세기간 중 예정신
고 기간(1~3월, 7~9월)이 끝난 후 25일 이내에 부가가치세 예정신고 및
납부를 해야 한다. 다만 직전 과세기간 공급가액의 합계액이 1억 5천
만 원 미만인 법인과 개인사업자의 경우에는 예정신고의무를 면제하
고 관할 세무서장이 직전과세기간(6개월)의 납부세액의 1/2을 고지하
여 그 세액을 납부하게 하고 있다. 단 직전과세기간의 납부세액이 50
만 원 미만인 경우와 간이과세자에서 해당 과세기간 개시일 현재 일
반과세자로 변경된 경우 고지되지 않는다.

예정고지 대상자라도 휴업 또는 사업 부진 등으로 인하여 각 예정
신고기간의 공급가액 또는 납부세액이 직전 과세기간의 공급가액 또
는 납부세액의 1/3에 미달하거나 조기환급을 받고자 하는 경우 예정
신고납부를 할 수 있다.

간이과세자의 경우 직전과세기간(직전 연도)의 납부세액의 1/2을 예
정부과기간(1월~6월)의 납부세액으로 하여 7월 25일까지 부과 징수한
다. 단, 직전과세기간의 납부세액이 50만 원 이하인 경우에는 고지되
지 않는다.

간이과세자의 경우 당해 과세기간의 공급대가가 4,800만 원 미만일 경우에는 세액의 납부의무를 면제한다.

주로 소비자를 상대하는 업종의 간이과세자는 연간 매출이 4,800만 원 이상, 8,000만 원 미만인 경우 세금계산서 발급이 가능하며, 세금계산서를 발급했을 경우 7월 25일까지 예정신고를 반드시 해야 한다.

▌부가가치세의 절세

부가가치세를 줄이려면 매출세액을 줄이거나 매입세액을 늘려야 한다. 신용카드 매출 등으로 매출세액은 줄일 수 없으므로 매입세액과 의제매입세액을 늘리는 방법으로 매입세금계산서와 계산서(의제매입시)를 철저히 받아야 한다. 개업 후 최초로 신고하는 부가가치세 신고서는 기본 자료가 과세관서의 컴퓨터에 입력되므로 작성에 유의하여야 한다. 유통과정 추적조사 등이 있으므로 위장·가공 세금계산서나 계산서를 받아서는 안 된다. 만약 위장·가공 사실이 적발되면 매입세액으로 인정하지 않고 그 금액만큼 소득금액도 증가하므로 부가가치세와 소득세가 모두 추징된다.(이 경우 높은율의 가산세도 부과된다)

수취한 세금계산서를 누락한 경우 매입세액 공제가 되지 않는다. 부가가치율은 매출액에서 매입액을 차감한 금액(부가가치)을 매출액으로 나눈 금액이다. 이 부가가치율이 적정하지 아니하거나 동업자보다 낮은 경우 조사대상자로 선정될 수 있다.

총매출액 중 신용카드 매출액이 차지하는 비율을 신용카드발행비율이라 한다. 신용카드 매출전표발행금액은 빠짐없이 신고하고 그 비율이 적정한지 검토한다. 그리고 외상 매출액의 누락이 없는지 검토한다. 신용카드 매출액의 집계는 수작업으로 하지 않으며, 신용카드 단말기도 전기적인 충격이나 사용자의 실수로 일부 데이터가 유실될 가능성이 있으므로 신용카드 정보회사를 이용한다.

간이과세자는 세금계산서를 교부할 수 없고 영수증만 교부할 수 있으므로 간이과세자에게 물건을 구입한 경우에는 매입세액공제를 받지 못한다. 따라서 물품 매입은 일반과세자에게 해야 부가가치세 혜택을 받을 수 있다. 단 직전연도 연간 공급대가 4,800~8,000만 원 이하 간이과세자는 세금계산서를 발행할 수 있다. 보통의 경우 전화요금, 통신요금, 전기료 등을 납부해도 증빙서류로 통상 영수증을 받게 된다. 해당 영수증에 사업자 자신의 사업자등록번호가 기재될 수 있도록 해당 기관의 전화나 팩스를 이용하여 받을 수 있으므로 거래가 이루어진 후 바로 받아두는 것이 좋다. 그리고 관련 증빙서류를 보관하고 있어야 추후 장부기장 시 사업 초기의 손실을 입증할 수 있다.

일반과세자가 매입세액을 공제받지 못하는 경우

- 세금계산서를 교부받지 않거나 필요한 기재사항의 누락 또는 사실과 다르게 기재된 세금계산서인 경우
- 매입처별 세금계산서 합계표를 제출하지 않거나 부실 기재한 경우

- 사업과 직접 관련이 없는 매입세액
- 비업무용 소형 승용차(자가용)의 구입과 임차 및 유지에 관련된 매입세액
- 접대비 지출 관련 매입세액
- 면세 관련 매입세액 및 토지 관련 매입세액
- 사업자등록을 하기 전 매입세액(단, 공급 시기가 속하는 과세기간이 끝난 후 20일 이내에 등록을 신청한 경우 등록신청일부터 공급 시기가 속하는 과세기간 기산일까지 역산한 기간 내의 것은 공제 가능)

◆ 일반과세자와 간이과세자의 차이

구분	기준금액	세액계산
일반과세자	1년간의 매출액 8,000만 원 이상	매출세액(매출액의 10%) − 매입세액(매입액의 10%) = 납부세액
간이과세자	1년간의 매출액 8,000만 원 미만	(매출액 × 업종별 부가가치율* × 10%) − 공제세액 = 납부세액 공제세액 = 세금계산서에 기재된 매입세액 × 해당 업종의 부가가치율*

◆ 업종별 부가가치율(2021.7.1. 이후 공급분)

업종	부가가치율
소매업, 재생용 재료수집 및 판매업, 음식점업	15%
제조업, 농업, 임업 및 어업, 소화물 전문 운송업	20%
숙박업	25%

건설업, 운수 및 창고업(소화물 전문 운송업은 제외한다), 정보통신업	30%
금융 및 보험 관련 서비스, 전문, 과학 및 기술서비스업 (인물사진 및 행사용 영상 촬영업은 제외한다), 사업시설관리, 사업지원 및 임대서비스업, 부동산 관련 서비스업, 부동산임대업	40%
그 밖의 서비스업	30%

▶ 간이과세자는 아무 업종이나 못 한다

연간 수입금액이 8,000만 원에 미달한다고 무조건 간이과세를 적용할 수 있는 것은 아니다. 다음의 사업을 영위하는 사업자는 간이과세자로 등록할 수 없고 일반과세자로 등록해야 한다.

- 일반과세가 적용되는 다른 사업장을 보유하고 있는 사업자
- 일반과세자로부터 사업을 포괄 양수받은 사업자
- 간이과세 배제업종을 영위하는 사업자
  ① 광업
  ② 제조업(떡 방앗간, 과자점, 양복점, 양장점, 양화점 등과 같이 최종소비자를 직접 상대하는 사업은 간이과세 적용 가능)
  ③ 도매업(소매업을 함께 하는 경우를 포함하며, 재생용 재료수집 및 판매업은 제외)
  ④ 부동산매매업
  ⑤ 변호사업, 변리사업, 법무사업, 경영지도사업, 기술지도사업, 약사업, 한약사업 등
  ⑥ 사업장 소재지역, 사업의 종류, 규모 등을 감안하여 국세청장이 정하는 기준에 해당하는 사업
  ⑦ 특별시·광역시 및 시(읍·면지역 제외) 지역에 소재하는 부동산 임대사업으로 국세청장이 정하는 규모 이상의 사업
  ⑧ 특별시·광역시 및 시(광역시 및 도농복합형태의 시 지역의 읍·면지역 제외)지역 소재 과세 유흥장소와 국세청장이 업황·사업규모 등을 고려하여 정하는 읍·면 지역에 소재하는 과세 유흥장소

🎛️ 종합소득세

종합소득세는 1년을 기준으로 발생한 소득에 대하여 개인이 납부하는 세금이며, 법인사업자가 납부하는 세금은 법인세이다. 만일 소득이 발생하지 않고 손실(결손)이 발생하면 종합소득세는 납부하지 않는다. 발생한 결손금은 다음 연도의 소득금액에서 공제하고 결손금액이 큰 경우 이듬해 이후로 이월해서 15년 동안 공제가 가능하다.(단 2009~2019년 개시한 사업연도에서 발생한 결손금은 10년간 공제) 현행 소득세법은 과세소득을 종합소득, 퇴직소득, 양도소득으로 구분해서 계산하고 이자소득, 배당소득, 사업소득, 근로소득, 연금소득, 기타소득은 종합소득으로 합산해서 과세한다.

종합소득금액은 납세자별(거주자)로 국내에서 발생한 소득금액을 합산한다. 부부간에 합산하거나 가구별로 합산하지 않으며, 종합소득세는 장부를 기장하는 경우와 그렇지 아니한 경우에 따라 계산방법이 달라진다.

◆ 기장을 한 경우

사업에 관련된 장부를 기장한 경우 계산된 소득금액에 대하여 소득세를 납부한다. 여기에서 소득금액이란 총수입금액에서 필요경비를 제한 금액을 말한다. 총수익금액은 부가가치세 신고금액(1기, 2기 합산)이며 필요경비는 원재료비, 부재료비, 인건비, 소모품비, 전기요금, 가스·수도요금 등 사업상 투입된 모든 비용을 말한다. 음식점의 경우 단순경비율이나 기준경비율이 실제보다 낮게 책정되어 있어 가능한 한 기장을 하여야 소득세를 절감할 수 있다.

✦ 기장을 하지 않는 경우

국세청은 모든 사업자가 장부를 갖추기를 바라고 있다. 그러나 현실적으로 영세한 사업주의 경우 기장을 하는 데 무리가 있으므로 단순경비율이나 기준경비율제도를 적용하여 소득금액을 계산한다.

▋ 기준경비율제도란?

매출액에 대비하여 가장 기본적인 경비 몇 가지만 인정해 주고 그 외의 경비는 기준경비율에 의해 추정된 금액을 인정해 주는 것이다. 실제 지출한 기본적인 경비란, 매입경비(고정자산매입비용 제외)와 사업용 고정자산에 대한 임차료 및 종업원의 급여, 임금, 퇴직급여로서 증빙서류에 의하여 지출되는 금액을 말한다. 음식업 기준경비율 적용대상 수입금액은 직전사업연도 수입금액이 3,600만 원 이상이다.

- -

소득금액 = 총매출액 − 기본적인 경비 − (수입금액×기준경비율)

- -

종합소득세는 종합소득금액의 크기에 따라 6%~38%의 5단계 초과 누진세율을 적용한다.

구간	세율	누진공제액
1,200만 원 이하	6%	
1,200만 원 초과 4,600만 원 이하	15%	1,080,000원
4,600만 원 초과 8,800만 원 이하	24%	5,220,000원
8,800만 원 초과 1억 5천만 원 이하	35%	14,900,000원
1.5억 원 초과 3억 원 이하	38%	19,400,000원
3억 원 초과 5억 원 이하	40%	25,400,000원
5억 원 초과 10억 원 이하	42%	35,400,000원
10억 원 초과	45%	65,400,000원

◆ <u>예시 : 과세표준 4천만 원, 세율 15%</u>

6,000,000(4천만 원 × 15%) − 1,080,000(누진세액공제액) = 4,920,000원
(종합소득세)

　종합소득세는 초과누진세율제도를 채택하므로 과세표준이 많은 경우 더 많은 세금을 부담하게 된다. 따라서 한 세대가 여러 사업장을 운영하는 경우 누진세에 신경을 쓰는 것도 절세의 한 방법이다.

◆ 종합소득세 과세기간과 신고기간

　종합소득세는 매년 1월 1일부터 12월 31일까지 과세기간으로 하며, 그해의 소득을 이듬해 5월 1일부터 5월 31일까지 신고한다. 단 성실신고확인대상자는 성실신고확인서를 첨부하여 6월 30일까지 신고한다.

기장의무, 간편장부와 복식부기의 차이

간편장부는 중소규모 개인사업자를 위해 국세청에서 특별히 인정하는 장부로서 개인사업자가 쉽고 간편하게 작성할 수 있다. 소득금액의 계산이나 부가가치세의 신고가 가능하도록 국세청에서 제정·고시한 장부이다. 간편장부대상자가 간편장부를 기장하지 않으면 20%의 가산세가 부과된다. 음식점의 경우 직전연도 수입금액이 1억 5천만 원 미만인 사업자가 이에 해당한다.

◆ 간편장부 작성의 예

일자	거래내용	거래처	수입		비용		고정자산증감		비고
			금액	부가세	금액	부가세	금액	부가세	세금계산서
1.5	○○ 판매 (외상)	A 상사	10,000,000	1,000,000					세금계산서
1.15	○○ 구입 (현금)	C 상사			5,000,000	500,000			세금계산서
1.20	거래처 접대 (현금)	E 회관			200,000				영세율

복식부기

복식부기란 재산상태와 손익거래 내용을 이중으로 기록하는 것으로 음식점의 연간 총매출액이 1억 5천만 원 이상인 사업자는 장부를 복식부기로 작성하여 신고해야 한다. 이때 종합소득세 신고 시 재무상태표, 손익계산서, 합계잔액시산표를 첨부해야 한다. 복식부기 의무자가 장부를 기장하지 않는 경우, 신고하지 않은 것으로 간주해 산출세액의 20%와 수입금액의 0.07% 중 큰 금액의 가산세가 부과된다.

◆ 간편장부 대상자 판정 기준 수입금액

업종	직전연도 수입금액
① 농업, 임업, 어업, 광업, 도매 및 소매업, 부동산매매업, 그 밖에 아래 ② 및 ③에 해당되지 않는 사업	3억 원 미만
② 제조업, 숙박 및 음식업, 전기·가스·증기 및 수도사업, 하수·폐기물 처리·원료재생 및 환경보건업, 건설업 (주거용 건물 개발 및 공급업 포함), 운수업, 출판·영상·방송통신 및 정보 서비스업, 금융 및 보험업	1억 5천만 원 미만
③ 부동산임대업, 전문·과학 및 기술서비스업, 사업시설 관리 및 사업지원 서비스업, 교육 서비스업, 보건업 및 사회복지 서비스업, 예술·스포츠 및 여가 관련 서비스업, 협회 및 단체, 수리 및 기타 개인서비스업, 가구 내 고용 활동	7,500만 원 미만

사업의 전환

개인사업자는 매출 규모의 증가에 따라 법인기업으로 전환하여 법인세를 부담하면 세금의 부담이 적어질 수 있다. 법인은 개인이 아닌 법인격을 취득하여 경영자인 사업자와는 독립된 법인 자격으로 권리의무를 갖는다. 법인이 되면 우선 대외적인 신용도를 높일 수 있고, 상대적으로 세무에 대한 간섭이 적어지며, 개인 과세자보다 세율이 감소할 뿐 아니라 대표자 인건비 등 여러 가지 비용 측면에서도 유리해진다.

◆ 개인사업자와 법인사업자의 차이

구분	개인기업	법인기업
납부 세금	소득세	법인세
세율 구조	6~38%(5단계)	10~22%(3단계)
과세기간	1월 1일~12월 31일	정관, 규칙에 정하는 회계 기간
기장의무	간편장부, 복식부기	복식부기
설립 절차	매우 간단	복잡, 비용 발생
외부감사제도	없음	자산 총액 120억 원 이상 또는 자산, 부채 각각 70억 이상
자금인출	자유	급여, 퇴직금, 배당
대표자 인건비	비용 불인정	비용 인정
대표자의 기업 자금 인출	불이익 없음	인정이자 등 과세

노무관리

노무관리는 노동력을 효과적이고 효율적으로 이용하기 위하여 행하는 일련의 체계적인 방법을 말한다. 외식업주와 근로자 간에 인간적이고 인격적인 관계를 형성함으로써 노동의욕을 고취시켜 업소의 목적을 달성하는 데 의의가 있다.

노무관리의 핵심은 합리적이고 과학적인 업무분장에 있다. 업무분장을 잘함으로써 노동력의 낭비를 막고 노동밀도를 높일 수 있다. 또 작업상의 과실이나 사고를 없애 생산성의 향상을 기도하며 근로자의 자주성을 발휘시킬 수 있다.

노무관리
- 근로기준법 · 4대보험 · 자영업자 고용보험
- 외국인 근로자의 고용 · 노무 사례별 대처방안

 근로기준법

근로기준법은 근로자를 고용하는 사업주가 준수해야 할 임금, 근로시간, 휴가, 안전 위생 및 재해보상 등 근로조건의 기준 관련 법령으로서, 근로기준법에서 정한 근로조건은 최저기준이므로 이에 미달하는 경우 당사자 간 합의가 있더라도 무효가 된다. 근로기준법은 상시근로자 5인 이상을 고용하는 모든 사업 또는 사업장에 대하여 적용한다. 단, 상시근로자 4인 이하 사업장에 대하여는 일부 규정만 적용하고, 부당해고, 연장근로, 연차휴가, 생리휴가 등 일부 조항은 적용 배제하며, 일용직, 아르바이트, 계약직 등 명칭 여하를 불문하고 임금을 목적으로 근로하는 모든 근로자에게 적용한다. 단, 동거의 친족만을 사용하는 사업장과 가사사용인은 제외한다.

근로계약

- 사용자는 근로자 채용 시 임금, 근로시간, 기타 근로조건에 관한 근로계약을 체결해야 한다.
- 근로계약 기간은 기간을 정하지 않거나 2년 이내의 기간을 정하여 체결할 수 있되(계약직), 2년을 초과하는 경우에는 무기(無期)계약자로 전환된다.
- 근로계약 체결 시 반드시 임금, 근로시간, 휴일·휴가 등 근로조건에 대하여 서면으로 명시하여 교부하여야 한다.
- 근로계약 체결 시 노동관계법령에 규정되는 근로조건 이하로 체결하는 것은 효력이 없다.

- 외식업소의 경우 연장근무, 야간근무, 휴일근무가 발생할 개연성이 높기 때문에 이에 대한 법정 제 수당을 포함하는 연봉제의 근로계약을 체결하는 것이 필요하다.

해고 등의 제한

- 사용자가 근로자를 해고할 때는 정당한 이유에 대해 해고 사유와 해고 시기를 서면(상시근로자 5인 이상)으로 적어도 30일 전에 예고해야 하며, 30일 전에 예고하지 않았을 때는 30일분 이상의 통상임금을 지급해야 한다.
- 해고의 정당한 사유로는 무단결근, 불친절, 공금횡령 등 근로자의 귀책사유나, 사업축소, 경영의 어려움으로 인원을 감축하는 등 고용관계 유지가 상당히 곤란한 경우 등이 있다.
- 외식업의 경우, 채용 시에 요리 솜씨나 근무 태도를 잘 알 수 없으므로 처음 근로계약을 할 때 단기간(1~3개월)의 수습 근로계약을 함으로써, 부당해고의 분쟁 없이 종업원을 채용할 수 있다.

임금 및 시효

- 근로자에게 지급되는 임금은 통화로 직접 전액 근로자에게 매월 1회 이상 일정한 기일을 정하여 지급해야 한다.
- 사용자는 임금 대장을 작성하여 근로계약서와 함께 3년간 보존해야 한다.
- 미지급 임금, 퇴직금 각종 수당을 청구할 권리는 3년간 유효하며 만일 그 기간 내에 행사하지 않으면 시효로 인하여 소멸된다.

최저임금

- 사업주는 근로자에게 최저임금 이하로 급여를 지급할 수 없으며, 최저임금에 미달하는 근로계약은 무효가 되며 부족하게 지급한 임금에 대해서는 추가로 지급해야 한다.
- 최저임금에는 매월 소정근로시간에 대하여 정기적으로 지급되는 통상임금만이 포함되므로 상여금, 초과근무수당, 연월차수당, 가족수당, 통근수당이 포함되어 최저임금을 상회하더라도 통상임금이 최저임금에 미달하면 위반이 된다.
- 최저임금은 매년 고시하며 수습 기간(3개월까지)에는 최저임금을 90% 적용할 수 있다. 즉 최대 3개월까지 10%를 감한 90%를 지급할 수 있다.

최저임금 (2023.1.1~ 2023.12.31)	시간급	9,620원('22년 9,160원)
	일급	76,960원(8시간 기준)
	월급	2,010,580원 (주 소정근로 40시간, 유급 주휴 8시간 포함)

*2024년 최저임금 : 9,860원

퇴직금

- 상시 종업원 1인 이상을 고용하는 사업주는 1년 이상 근무하다 퇴직한 종업원에 대해 퇴직연금 또는 퇴직금을 지급하는 제도를 설정해야 한다.
- 퇴직금 계산방식은 근무연수 1년에 대해 30일분(1개월분) 평균임금이며 1년 미만 근로자에 대해서는 지급의무가 없다.

- 퇴직금은 최종 퇴직 시 지급하는 것이 원칙이나 주택구입, 의료비 등 긴급한 일시금 수요의 사유가 있는 경우에 한하여 근로자의 요청이 있을 시, 기왕의 근로한 기간에 대한 퇴직금을 중간정산할 수 있다.
- 2012년 7월 26일 이후 신설된 사업장은 확정기여형퇴직연금제도 또는 확정급여형연금제도의 설정이 의무화되었다.
- 구두 상으로 월급 또는 일당에 퇴직금을 포함하여 지급했더라도 퇴직금 지급으로 인정되지 않아 법상 지급 기일(14일) 이내에 퇴직금을 추가로 지급해야 한다.
- 퇴직금 및 잔여금품의 청산이 퇴직일로부터 14일이 경과한 경우에는 연 2할의 지연이자를 지급해야 한다.
- 2022.4.14.부터는 퇴직금을 근로자가 지정한 개인형퇴직연금의 계정(IRP) 등으로 지급하여야 한다. 단 300만 원 이하는 현행과 같이 근로자에게 직접 지급할 수도 있다.

근로시간, 휴가, 휴일

- 근로기준법상 근로시간은 1일 8시간, 1주 40시간이며, 1주일의 1일은 유급휴일이며 1년 이상 근무자에게 연 15일의 연차유급휴가, 여성 근로자의 청구가 있으면 월 1일의 생리휴가(무급)를 지급하도록 규정되어 있다.
- 연차유급휴가는 1년 이상 근무자에 대해 1년간 80퍼센트 이상 출근한 경우 15일의 유급휴가를 부여하는 것이 원칙이나, 1년 미만 근무자나 1년간 80퍼센트 미만 출근자에 대해 개근한 월수당 1일의 유급휴가를 부여해야 하고, 미사용 일수에 대해서는 연말에 연차수당

을 지급해야 한다.(단, 연차휴가사용촉진 절차 및 연차휴가대체사용 동의를 받은 경우는 예외이다)

- 법정 근로시간을 초과할 경우 연장근무수당, 야간(밤 10시 이후)에 근무할 경우 야간근무수당, 휴일에 근무할 경우 휴일근무수당을 각 각 통상임금의 50%를 할증하여 지급해야 한다.

- 외식업소의 경우 야간이나 휴일에 근무하는 경우가 많으므로 통상 적으로 발생하는 연장, 야간, 휴일근무에 대한 법정 제 수당을 월급 (또는 일급)에 포함한다는 취지의 내용을 명확히 하면 별도로 수당 을 지급하지 않아도 된다. 이를 '포괄임금 근로계약'이라고 한다.

취업 최저연령

- 15세 미만은 노동부장관이 발급한 취업인허증의 소지 없이는 근로 자로 사용할 수 없다.

- 15세 이상 18세 미만인 자를 근로자로 사용하는 경우에는, 호적증 명서와 친권자의 동의서를 사업장에 비치하여야 한다.

재해보상

- 근로자가 근무 중 부상 또는 질병에 걸린 경우에는 사용자는 요양보 상, 휴업보상, 장해보상, 유족보상 등 제반 재해에 대해 보상해야 한 다.

- 재해보상에 대한 사용자의 직접 보상방식에서 산업재해보상보험(산 재보험)의 도입으로, 상시근로자 1인 이상인 사업장의 경우 사용자 는 산재보험료만 납부하고 보상은 국가에서 행하고 있다.

취업규칙

- 근로계약서에 다 명시하지 못한 근로조건 및 사업장 복무수칙 등에 대하여 취업규칙을 작성할 필요가 있다.
- 10인 미만 사업장은 임의사항이나 10인 이상 사업장은 반드시 작성하여 관할 지방노동청에 신고해야 한다.
- 취업규칙의 작성 또는 변경 시에는 근로자 과반수의 의견을 들어야 하며, 만약 기존 취업규칙을 불이익하게 변경하는 경우에는 근로자 과반수의 동의를 얻어야 효력이 있다.

4대 보험

4대 보험(국민연금, 건강보험, 고용보험, 산재보험)은 질병, 상해, 실업 등으로 인해 국민들이 경제적 불안을 느끼지 않도록 국가에서 법으로 보험가입을 의무화한 일종의 사회보장제도이다.

4대 보험은 근로 형태와 기간에 따라 일정 조건을 만족한 경우 또는 무조건 가입해야 하는 법정보험으로 국민연금, 건강보험, 산재보험, 고용보험 등을 말한다. 사업주와 근로자 모두 대략 월 급여기준 9.4% 정도의 보험료를 세금과는 별도로 납부해야 한다.

◆ 4대 보험료율(2023년 1월 기준)

구분	적용대상	요율	사업주	근로자	비고
국민연금	전 직원	9.00%	4.50%	4.50%	60세 이상 근로자 및 월 60시간 미만 근로자는 제외

건강보험	전 직원	7.09% ('22년 6.99%)	3.545%	3.545%	1월 미만의 일용근로자, 월 60시간 미만의 단시간 근로자 제외
장기요양 보험	전 직원	0.91% (소득대비)	0.455%	0.455%	사업자, 근로자 50%씩 부담
고용보험	전 직원	1.8%	0.9%	0.9%	외국인 근로자 (체류자격에 따라 의무, 임의, 제외로 구분), 65세 이상자, 월 60시간 미 만자 제외, 임원 및 임원의 생계를 함께하는 가족 제외
산재보험	사업장	1.00%	0.6~ 34%	–	임원 및 임원의 생계를 함께하는 가족 제외
주체별 부담비율 합계			9.545% 이상	9.40%	

◆ 4대 보험 신청 및 해지

구분	인터넷 신고	서면 신고	해지 관련 상담
국민연금 (국민연금관리공단)	4대 보험 포털서비스 www.4insure.or.kr에 서 일괄접수 가능 (공인인증서 필요)	관할지사 확인 뒤 방문 또는 팩스 신고	국번 없이 1355
건강보험 (건강보험관리공단)			1577–1000
산재·고용보험 (근로복지공단)			1588–0075

자영업자 고용보험

자영업자가 사업 부진 등의 이유로 휴·폐업을 할 때 생활 안정 및 재취업을 지원하기 위하여 2012년 1월 22일부터 확대 시행하고 있다. 0~49인을 고용하는 자영업자, 소상공인 중 본인의 희망에 의하여 가입이 가능하고 이후 고용안정 및 직업능력개발사업을 지원받을 수 있으며, 실업급여를 수령할 수 있도록 한 제도이다.

사용자는 고용안정·직업능력개발사업 및 실업급여에 모두 가입해야 한다. 홀로 사업을 하는 자영업자 및 상시근로자 49인 이하를 사용하는 사업주는 자유로이 가입할 수 있으며, 가입신청은 사업을 개시한 날(사업자등록일)로부터 6개월 이내만 허용된다. 가입 시 고용노동부장관이 고시하는 기준보수를 선택해서 가입해야 한다. 단, 부동산임대업, 가사서비스업, 5인 미만 농업, 임업, 어업, 수렵업, 소규모공사 사업자는 가입할 수 없다.

지원 기간은 신청일이 속한 연도의 1월 납부분부터 소급하여 지원되며 월 납입보험료의 30%를 환급 지원받을 수 있다. 지원금은 최대 5년까지 지원한다. 보험료 산정 및 납부는 가입 시 선택한 기준보수 ×2.25% 한 금액을 매월 고지한다. 기준보수는 7등급으로 구분하여 가입 시 선택하게 되며 이를 토대로 보험료 금액 및 이후 실업급여 금액의 기준이 된다.

구분	50% 지원		30% 지원		20% 지원		
	1등급	2등급	3등급	4등급	5등급	6등급	7등급
기준보수	1,820,000	2,080,000	2,340,000	2,600,000	2,860,000	3,120,000	3,380,000
실업급여 (2%)	36,400	41,600	46,800	52,000	57,200	62,400	67,600
고용안정,직능 (0.25%)	4,550	5,200	5,850	6,500	7,150	7,800	8,450
월 보험료 (2.25%)	40,950	46,800	52,650	58,500	64,350	70,200	76,050

자영업자 실업급여 요건 및 기간

· 최소 가입 기간이 1년 이상 경과한 상태에서 적자 지속, 매출 감소, 건강 악화 등으로 부득이하게 폐업한 경우에 해당한다.

· 가입 기간에 따라 기준보수액 50%를 3개월~6개월까지 수급한다. 1~4등급의 경우 정부에서 50%를 받고 지자체에서도 30%를 받아 최종적으로 80%까지 받을 수 있다.

· 65세 이상인 자영업자는 실업급여 수급대상이 안 된다.

◆ 피보험기간별 실업급여일

구분	피보험기간			
	1년 이상~ 3년 미만	3년 이상~ 5년 미만	5년 이상 ~10년 미만	10년 이상
실업급여일수	120일	150일	180일	210일

지원 방법

자영업자 고용보험에 기준보수 1~7등급으로 가입한 1인 소상공인은 제출서류를 작성 후 홈페이지에서 신청하며, 공단은 신청서류를 검토하여 지원대상 여부를 확인한다.(지원대상이 아닌 경우는 메일, SNS 등으로 결과를 안내한다) 가입·납부실적 확인은 근로복지공단을 통해 고용보험료 가입 및 고용보험료 납부실적과 기준보수 등급을 확인하여 지원대상을 확정한다. 고용보험료 지원은 매월 말까지 신청한 자 중에서 지원 확정된 자에 대하여 익월 이내에 지원한다. 신청방법은 온라인신청의 경우 go.sbiz.or.kr에 접속하여 신청하며, 방문신청일 경우 전국 소상공인지원센터 방문 후 신청서를 작성하면 된다.

필요서류

- 폐업사실증명원
- 자영업자 수급자격 인정 신청서(근로복지공단에 방문하면 신청서가 마련되어 있음)
- 자영업자 실업급여 수급자격 인정신청 관련 확인서
- 고용보험료 완납 증명원(고용보험관계 소멸(해지)일까지의 보험료 완납 필)
- 불가피한 폐업임을 증빙하는 서류. 여기서 말하는 불가피한 폐업은 총 4가지가 있으며 각 이유에 따라 준비해야 할 서류도 다르다.

- -
- 자영업자 고용보험 가입에 대한 문의는 근로복지공단 1588-0075
- 자영업자 고용보험료 지원에 대한 문의는 중소기업통합콜센터 1357
- -

외국인 근로자의 고용

고용노동부가 2023년도 외국인 근로자 고용 허용 한도 20% 추가 업종 및 지역을 공고했다. 2023년 들어서 일반 업종에서도 E-9 체류자격에 대해 일부 서비스업 중 상하차에 해당하는 직종에 대해 도입 허용이 이루어지며 외국인 근로자의 채용 범위가 넓어지고 있다. 그러나 외식업계의 구인난은 어제오늘의 일이 아니다. 식당 취업은 쉬운 만큼 이직도 많다. 사회적 거리두기와 영업시간 제한이 장기간 지속되면서 울며 겨자 먹기로 일을 그만둬야 했던 외식업 종사자들이 배달업, 가사도우미, 요양보호사 등 다른 직종으로 대거 이직하면서 정상영업이 이뤄져도 돌아오지 않고 있는 것이 문제다. 그나마 빈자리를 채워주던 외국인 근로자들마저 입국 제한으로 발이 묶이면서 사정은 더욱 열악한 상태이다.

1980년대 산업화 이후 3D업종의 취업난을 해소하기 위해 도입된 외국인 근로자 산업연수제로 불법체류자가 늘어나자 이를 대체하기 위해 2004년 8월부터 일반고용허가제(E-9)를 시행했다. 일반고용허가제는 특정기술 자격을 요하는 전문인력(E-1~E-7)과는 달리 내국인을 구하지 못하는 소상공인들의 인력난 해소를 위해 비전문인력(E-9)을 고용할 수 있도록 하는 것으로, 제조업과 농축산업, 어업, 건설업, 서비스업 등 뿌리산업으로 불리는 5개 업종으로 한정하여 허용하고 있다. 안타깝게도 외식업은 제외되어 있다.

일반고용허가제의 외국인 근로자 쿼터가 올해는 지난해보다 4만 1천 명이 늘어난 11만 명으로 확대되었다. 업종별로는 제조업이 7만 5000명, 농축산업이 1만 4000명, 어업이 7000명, 건설업이 3000명, 서비스업이 1000명, 그 외 탄력 배정 인력이 1만 명 수준이다. 탄력 배정은 허용업종 내 탄력적으로 배치 가능한 인력으로, 외식업종은 해당이 안된다. 허용업종에 외식업이 제외된 이유는 "음식점 근로는 내국인이 접근하기 쉬운 분야이기 때문에 내국인 고용을 우선하는 입장에서 신중해야 한다."라는 정부의 내국인 고용안정 취지 때문이다.

지난해 우리나라 전 직종의 구인 및 채용 비율에 대한 통계청 자료에 의하면, 음식 서비스직의 인력 부족률은 5.3%(부족 인원 6만 2000여 명)로, 외국 인력을 허용하는 5개 업종보다 높다. 이어 제조업 4.8%, 농림어업직 4.4%, 건설·채굴직 2.2% 순으로 나타났다. 이처럼 음식 서비스직의 구인난이 심각하다는 것을 여실히 보여주고 있다.

이에 상응하는 조치로, 정부는 지난 1월부터 외국인 방문취업 비자(H-2) 고용 제한 해제조치를 시작으로 지난 5월 재외동포 비자(F-4) 취업제한 범위에서 '주방보조원, 음식서비스종사원, 음료서비스 종사원' 삭제 조치를 내놓았고, 이를 통해 기존 한식·외국식·기타 간이 음식점에만 취업이 가능하던 외국인과 재외동포들이 음식점업 전체로 취업할 수 있게 되었다.

또 4월부터는 유학비자(D-2)를 가진 전문학사와 학사 유학생의 주중 시간제 취업 허용 시간도 기존 20시간에서 최대 25시간, 성적우수자의 경우 25시간에서 30시간으로 확대되었다.

음식점에서 고용 가능한 외국인 근로자는 E-7(특정활동) 비자 중 준전문인력인 E-7-2(주방장, 조리사, 음식서비스 관련 관리자) 비자와 매장 내 접객을 위한 인력인 H-2(방문취업) 비자, F-4(재외동포) 비자를 발급받고 입국한 외국인이다. 이들은 일반고용허가제를 통한 입국 및 고용의 대상은 아니다. E-7(전문인력) 비자는 법무부장관이 국가경쟁력 강화 등을 위해 전문적인 지식·기술 또는 기능을 가진 외국 인력 도입이 필요하다고 지정한 분야에서 근로를 허용하는 체류자격으로 외식업 구인난 해소에는 큰 도움이 안된다.

F-4(재외동포) 비자는 본인, 부모, 조부모 일방이 대한민국 국민일 때 발급해주는 비자로 원칙적으로 외식업에서 채용할 수 없었지만, 요리사, 조리사 자격증이 있는 경우에만 고용이 가능했다. 다시 말해 단순 노무일에 해당하는 조리보조 및 카운터 직무에는 취업이 불가하며 단순 노무 업무에 종사할 경우 불법에 해당되었다.

실질적으로 외식업에서 꼭 필요한 인력은 주방보조다. 이번 정부의 조치로 외국인 근로자 중에서 주방보조 일을 할 수 있는 인력의 채용이 가능하게 되었다.

그리고 외국인 근로자 고용을 허가받기 위해서는 14일간 구인공고를 내는 내국인 구인노력과 기존 내국인 근로자 고용유지, 임금 체불이 없어야 하며, 고용보험·산재보험과 외국인 근로자 전용보험에 가입해야 하는 등 내국인 일자리 보호를 위한 최소한의 요건을 갖추어야 한다. 일반고용허가제 허용업종에 외식업이 포함될 경우, 일반 외국인 근로자의 고용을 희망하는 외식업주는 관할 고용노동부 고용지원센터에 문의하면 된다.

▌취업활동이 가능한 체류자격

대한민국에서 취업활동을 할 수 있는 체류자격에는 단기취업(C-4), 교수(E-1), 회화지도(E-2), 연구(E-3), 기술지도(E-4), 전문직업(E-5), 예술흥행(E-6), 특정활동(E-7), 계절근로(E-8), 비전문취업(E-9), 선원취업(E-10), 관광취업(H-1), 방문취업(H-2), 거주(F-2), 재외동포(F-4), 영주(F-5), 결혼이민(F-6)이 있다.

단기취업(C-4), 교수(E-1), 회화지도(E-2), 연구(E-3), 기술지도(E-4), 전문직업(E-5), 예술흥행(E-6), 특정활동(E-7), 계절근로(E-8), 비전문취업(E-9), 선원취업(E-10), 관광취업(H-1), 방문취업(H-2)의 체류자격을 가진 외국인 근로자는 지정된 근무처에서만 근무해야 하며, 그 체류자격의 범위 내에서 근무처를 변경하거나 추가하려면 미리 법무부장관의 허가를 받아야 한다. 거주(F-2), 재외동포(F-4), 영주(F-5), 결혼이민(F-6)의 체류자격을 가진 사람은 취업활동의 제한을 받지 않는다.

취업활동을 할 수 없는 체류자격의 외국인이 취업할 경우 3년 이하의 징역이나 금고 또는 3천만 원 이하의 벌금을 받을 수 있다. 마찬가지로 위의 체류자격이 아닌 사람을 고용하거나 알선하는 경우에도 3년 이하의 징역이나 금고 또는 3천만 원 이하의 벌금이다.

◆ 서비스업 E-9 인력 신규 허용업종

업종 코드	업종명	업종 코드	업종명
38	폐기물 수집, 운반, 처리 및 원료 재생업	46319	기타 신선식품 및 단순 가공식품 도매업
46102	음료식품 및 담배 중개업	52941	항공 및 육상화물취급업 (「축산물 위생관리법」제2조에 따른 식육을 운반하는 업체에 한함)

('23년도 고용허가제 주요 변경사항 안내문 중)

▌외국인 근로자 의무가입보험

외국인 근로자 채용은 사업주에게 여러 가지 제한사항과 의무사항이 있다. 기본적인 4대 보험을 비롯하여 임금 체불이나 귀국비용 및 출국에 대한 추가적 보호를 위하여 사업주에게 법적 의무를 부여하고 있다.

◆ 외국인 근로자 의무가입보험 종류

보험구분	주체	취급기관
출국만기보험	사업주	삼성화재보험
임금체불보증보험	사업주	서울보증보험
귀국비용보험	외국인 근로자	삼성화재보험
상해보험	외국인 근로자	삼성화재보험
고용보험	사업주	근로복지공단
산재보험	사업주	근로복지공단
건강보험	사업주	국민건강보험공단
국민연금	사업주	국민연금공단

출국만기보험

출국만기보험은 사용자의 퇴직금 일시지급의 부담을 완화하는 동시에, 고용허가제(알선)를 통해 입국한 외국인 근로자가 퇴직금을 받을 수 있도록 한 제도이다.(고용특례 및 고용허가제를 통해 고용한 건설현장 및 건설업 적용 제외)

귀국비용보험

외국인 근로자가 귀국 시 필요한 비용을 충당하기 위해 산업인력공단에서 운용하는 보험이다. 근로계약의 효력발생일로부터 3개월 이내에 가입해야 하며, 일반적으로 입국일 혹은 근로 개시일이 근로계약 효력발생일이다.

임금체불보증보험

임금채권보장법이 적용되지 않거나 상시 300인 미만의 근로자를 사용하는 사업주가 가입하며, 근로계약 효력발생일로부터 15일 이내에 의무적으로 가입해야 한다. 취업 교육기관에서 보험 약정을 체결하고 보험료를 납입하기 때문에 근로자 인계과정에서 방문하는 경우에 함께 안내를 받기도 한다. 근로자가 사업주에게 임금을 받지 못한 경우, 고용노동부에 이를 알리고 임금체불확인서를 발급받으면 서울보증보험이 보험금을 지급하여 근로자를 보호하기 위한 제도이다.

▎외국인 근로자 채용절차

기본적으로 외국인 근로자를 고용하려는 사업주는 고용센터나 워크넷에서 내국인에 대한 구인 신청을 하고, 이러한 노력에도 채용이 되지 않는다면 외국인 근로자 채용허가 신청을 할 수 있다.(통상 14일 간이며 농축산업은 7일, 신문 방송을 통한 구인노력 시 최대 각 7일, 농축산업 3일로 단축 가능) 내국인에 대한 구인노력에도 불구하고 채용이 되지 않았다면 내국인 구인노력 경과 후 3개월 이내에 외국인 근로자 채용 허가신청을 할 수 있다. 신청이 완료되면 고용지원센터에서 구직이 필요한 인원의 3배수로 알선을 시작한다. 사업주는 알선된 외국인 근로자 목록에서 채용하고 싶은 적격자를 직접 인적사항과 체류 예정 정보 등을 비교하며 최종적인 선택을 거쳐 절차에 따라 허가서를 발급받는다.

고용허가서 발급과 동시에 표준근로계약서가 함께 작성되어 자동으로 산업인력공단에 넘어가게 되며 해당 외국인 근로자의 모국에 송부된다. 해당 대상 국가에 송부된 근로계약서는 마찬가지로 해당 근로자의 국가 고용지원기관이 외국에서 근로를 희망했던 당사자에게 전달하여 기업의 취업 제의에 최종적인 의사결정을 할 수 있도록 한다. 근로계약이 체결되면 사업주는 출입국관리사무소에서 사증발급인정서를 신청하고 받을 수 있다.

- -

• 구비서류 : 사증발급인정신청서, 고용허가서,
표준근로계약서 사본, 사업자등록증 등

- -

이 과정이 완료되면 위 근로계약 과정과 마찬가지로 인정서가 각국가 송출기관을 거쳐 실제 외국인 근로자에게 전달된다. 다만 전자사증제도를 적용하고 있는 일부 국가(필리핀, 베트남, 중국 등)의 경우엔 발급받는 즉시, 해당 국가의 대사관으로 송부되기 때문에 사업주는 간단한 채용자 인적사항 명단과 발급번호 등만 산업인력공단에 통보하면 된다.

▌외국인 근로자 입국 및 취업교육 이수

외국인 근로자는 비전문취업(E-9) 사증을 받아 송출기관 관계자의 인솔하에 국내에 입국하게 되며, 입국장(인천공항)에서 한국산업인력공단 관계자에게 인계되어 확인절차를 거친 후에, 각 국가별·업종별 취업교육기관 인솔자에게 재인계된 후 취업교육기관으로 이동하여 2박 3일(16시간)간의 취업교육을 받게 된다.

사용자는 외국인 근로자가 입국 후 15일 이내에 외국인 취업교육기관에서 국내 활동에 필요한 취업교육을 받도록 하여야 하며, 취업교육 기간은 근로기준법상의 근로를 제공한 기간으로 본다. 일반 외국인 근로자에 대한 취업교육비는 사용자가 부담하되 능력개발사업에서 취업교육비용을 일부 지원받을 수 있으며 외국 국적 동포의 경우는 근로자 본인이 부담한다.(외국인고용법 시행규칙 제11조)

취업교육(16시간 이상)은 한국어, 한국문화 이해, 관계 법령, 산업안전보건, 기초기능 등으로 구성되며 외국인 근로자의 조기 국내 적응을 지원하기 위해 실시한다. 취업교육 기간 중 외국인 근로자에 대한 건강진단을 실시하고 사용자는 출국만기보험(퇴직금 대체), 임금체불 보증보험에 가입해야 한다.(외국인 근로자는 귀국비용보험, 상해보험에 가입)

외국인 근로자가 건강검진 결과 별다른 이상이 없고 취업교육을 이수한 경우 취업교육기관의 통보에 따라 사용자(또는 위임장을 받은 당해 사업장 소속직원)는 해당 취업교육기관을 방문하여 외국인 근로자를 인수한다. 이때 사용자는 고용노동부에 대해 별도의 근로개시신고를 하지 않아도 된다.

외국인 근로자와 체결한 근로계약의 효력은 입국한 날로부터 발생한다.(외국인근로자의 고용 등에 관한 법률 시행령 제17조)

취업교육비는 일반 외국인 근로자(사용자 부담)의 경우 제조업·서비스업 234,000원, 농업·축산업 260,000원, 어업 258,000원, 건설업 280,000원이며, 외국 국적 동포(외국인 부담)는 합숙 148,000원, 비합숙 102,000원이다.

◆ 교육기관, 대상업종 및 국가

취업교육기관	대상업종 및 국가
노사발전재단	제조업·서비스업(베트남, 몽골, 태국)
중소기업중앙회	제조업·서비스업(베트남, 몽골, 태국 제외)
농협중앙회	농축산업(전 송출국가)
수협중앙회	어업(전 송출국가)
대한건설협회	건설업(전 송출국가)

외국국적동포(H-2) 취업교육기관 : 한국산업인력공단

지금까지의 과정을 보면 사실상의 근로를 목적으로 한 외국인은 이미 입국을 시작할 때부터 어느 기업에 근로를 제공하고 어느 기간만큼 체류할 것인지 정해진 상태로 들어오는 것으로 볼 수 있다. 이후 계약이 만료되거나 만료 이전에 사업주가 해지를 요구하는 등의 몇 가지 사유에 한정하여 체류자격을 갱신하거나 근로를 제공하는 사업장을 변경할 수 있다.

노무 사례별 대처방안

"일을 못 해 이틀 만에 내보냈는데 그것이 부당해고인가요?"

"잘 아는 사이라 서면근로계약서를 작성하지 않았는데 그것도 벌금을 물어야 하나요?"

"화재로 부득이 휴업하는데도 종업원에게 급료를 주어야 하나요?"

등등의 문제로 자영업자들에게 애로사항이 끊이지 않는다. 다양한 사례를 통해 그에 대한 대처방안을 살펴보자.

사례 ❶ 식당이 화재로 불이 나서 부득이 휴업하게 된다면 직원들 월급은?

「아프니까 사장이다」 카페 글에서 "1년 365일 휴일 없이 영업하던 식당에 불이 났다. 화재로 주방이 다 탔고, 다행히 홀은 화를 면했다. 화재로 인한 피해 금액은 약 2천여만 원으로 예상되며 화재보험은 들어놨다. 하지만 주방 공사를 새로 하는 데 두 달 정도 걸린다. 휴업기간 동안 10년 넘게 근무한 두 종업원의 월급이 문제이다. 법적으로 급여를 지급해야 하는지"에 대해 고민하는 한 식당 사장의 글을 보았다.

법적으로 5인 미만 사업장은 근로기준법의 휴업수당(제46조) 규정을 적용받지 않기 때문에 휴업수당을 지급하지 않아도 되지만, 근로기준법상 사용자의 귀책사유로 휴업하는 경우 사용자가 휴업 기간에 근로자에게 평균임금의 100분의 70 이상을 휴업수당으로 지급해야 한다. 단, 평균임금의 100분의 70에 해당하는 금액이 통상임금을 초과하는 경우에는 통상임금을 휴업수당으로 지급할 수 있다고 규정하고 있다.

"5인 이상 사업장이라도 화재가 천재지변이나 기타 제3자에 의한 방화 등이 원인인 경우, 사용자의 귀책사유로 볼 수 없다"라는 판례에 따라 휴업수당을 지급하지 않아도 된다. 하지만 위의 주방 화재의 경우처럼 시설관리 소홀 등 사용자의 책임으로 발생한 화재는 사용자의 귀책사유로 인정되어 휴업수당을 지급해야 한다.

일반적으로 천재지변, 전쟁 등 불가항력적이거나, 사용자로서 최대의 주의를 기울여도 피할 수 없는 사고의 경우 이외에는 대부분 사용자의 귀책사유로 인정한다. 즉 사용자에게 고의 또는 과실이 있는 경우뿐 아니라, 장비파손, 매출부진 및 자금난, 화재로 인한 이전, 갱내 붕괴사고로 인한 구조 기간 등의 경우에도 사용자의 귀책사유로 인정하여 휴업수당을 지급해야 한다.

근로자가 법적으로 휴업수당을 지급받지 못하는 경우, 비자발적 퇴사 형식으로 실업급여를 받을 수 있도록 하는 것도 하나의 대안이 될 수 있다.

▶ 실업급여의 종류

- 구직급여(연장급여 : 훈련연장급여–개별연장급여–특별연장급여, 상병급여)
- 취업촉진수당(조기 재취업수당, 직업능력개발수당, 광역 구직 활동비, 이주비)

실업급여 이외에 고용보험법령에 따라 근로자의 실업 방지를 위해 고용유지 조치 노력을 한 사업주에게 인건비의 일부를 지원하는 고용유지지원금 지급 제도가 있는데, 화재로 인한 휴업은 지원을 받지 못한다.

고용보험법 제21조(고용조정의 지원)에 "경기의 변동, 산업구조의 변화 등에 따른 사업의 축소, 사업의 폐업 또는 전환으로 고용조정이 불가피하게 된 사업주…"라고 명시되어 있어 휴업의 사유가 경기의 변동과 산업구조의 변화로 인한 것이 아니라서 지원은 불가하다. 경기의 변동과 산업구조의 변화로 인해 매출액이 기준 달의 직전 연도의 같은 달 대비 15% 감소하였는지 등을 지급의 핵심 관건으로 적용하고 있다.

◆ 상시근로자 수에 따른 근로기준법 적용 및 적용 제외 주요규정

구분	5인 미만 사업장 적용 주요규정	5인 미만 사업장 적용 제외 주요규정
근로계약	• 근로계약서 작성 및 교부의무 (제17조) • 근로계약 불이행에 대한 위약금, 손해배상액 예정 금지(제20조)	• 법령 및 취업규칙 주의 게시(제14조) • 취업규칙 작성·신고(제93조, 10인 이상 적용)

해고 관련	• 산재로 인한 휴업기간과 출산 전후 휴가기간 및 이후 30일 동안의 절대적 해고 금지(제23조 제2항) • 해고예고(수당)(제26조)	• 정당한 이유 없는 해고(징계) 제한 규정 (제23조 제1항) • 경영상 해고 제한 규정(제24조) • 해고 사유와 시기 서면 통보(제27조) • 노동위원회 부당해고 구제신청(제28조)
임금	• 임금의 직접·통화·전액·정기 지급원칙(제43조) • 최저임금(최저임금법 제3조) • 임금명세서 작성 및 교부의무 (제48조 제2항)	• 휴업수당(제46조) • 근로시간 및 연장근로 제한(제50조, 제53조) • 연장·야간·휴일 근로 가산수당 (제56조)
휴게·휴일·휴가	• 휴게시간(제54조) • 휴일(주휴수당) (제55조 제1항)	• 연차휴가(제60조) • 생리휴가(제73조)
기타	• 4대 보험 적용 • 퇴직금 적용 • 직장 내 성희롱	• 기간제법상 무기계약 전환 • 기간제법상 차별적 처우 금지 및 시정 신청 • 직장 내 괴롭힘

- 주휴일(주휴수당), 연차휴가, 퇴직금은 4주 평균하여 1주 동안의 근로시간이 15시간 이상의 경우 적용
- 퇴직금은 1주 평균 15시간 이상, 1년 이상 근무한 경우. 상시 근로자 수 5인 미만 사업장에도 적용이 되나. 2010.12.1.~2012.12.31.까지는 50% 적용되며, 2013.1.1.부터 100% 적용됨

사례 ❷ 지자체의 소상공인 버팀목, 고용장려금(고용유지 지원금) 정책이 실효성이 있을까?

지난 5월 말경에 서울에서 외식업을 경영하는 한국외식업중앙회 회원으로부터 전화 한 통을 받았다. "서울시에서 소상공인들에게 지원금을 주고 있다는데, 뭔지 설명해달라"는 것이었다.

소상공인 버팀목인 고용장려금 지원사업은 서울시가 소상공인들의 민생경제 회복을 지원하기 위해 2023년에 신규로 채용한 근로자 1인당 고용장려금으로 매달 100만 원씩 3개월간 총 300만 원을 지원하는 제도이다. 기업체 당 최대 10명까지 지원하는데, 고용보험 가입을 기준으로 신청한 월부터 3개월간 고용을 유지하여 총 6개월 이상을 채용해야 지원한다.

예를 들어, 2023년 1월에 신규채용을 했을 경우 3개월간 고용을 유지하고 4월에 지원금을 신청하면 6월 말까지 고용보험 유지를 확인한 후 7월에 지급하는 제도이다. 외식업 소상공인으로서 혜택을 받을 수 있는 매우 유용한 지원정책이다.

소상공인을 대상으로 지원하는 사업이라 외식업은 상시근로자가 5인 미만 업체라야 신청이 가능하다.(건설업, 제조업, 운수업, 광업일 경우 상시근로자 10인 미만 기업체) 고용유지를 위한 지원사업은 그동안 5인 미만 소상공인 업체 근로자가 무급휴직 시 근로자에게 일 2만 5천 원을, 최대 50만 원을 2개월 동안 휴직 수당으로 지급하는 등 코로나19를 거치면서 지원금액이나 지원 방법이 조금씩 개선되었다.

내년 초부터 종업원을 채용하면 우선 고용보험에 가입시켜야 한다. 고용보험 가입이 의무화되어 있으나 신용불량 등 종업원 개인의 사정으로 가입을 하지 않는 경우가 있다. 고용보험에 가입하지 않으면 과태료와 종업원을 고용하는 데 불이익이 있을 수 있기 때문에 고용보험 가입은 업소 대표가 잘 챙겨야 한다.

지자체 홈페이지에 소상공인 고용유지를 위한 지원사업 공고가 나오면 접수 초기에 바로 지원금을 신청하는 것이 좋다. "1인당 얼마씩 고용유지 지원금을 준다"라는 식의 주변 외식업주들의 얘기를 듣고 준비하면 늦을 수 있다. 이러한 지자체의 고용유지 지원금은 사업액이 한정되어 있어서 예산소진 시까지만 신청을 받기 때문이다.

신청을 위한 증빙서류에 '소상공인확인서'가 있는데, 이는 온라인으로 '중소기업현황정보시스템'에 회원 가입하여 '중소기업(소상공인)확인서'를 발급받아야 한다. 확인서 유효기간은 1년이며 신청하는 해에 발행되고 신청 월이 유효기간 안에 포함되어야 한다. 홈페이지에서 발급 절차 안내문도 다운을 받을 수 있어 절차대로 진행하면 된다. 신청하는 데 시간이 다소 걸리기 때문에 여유 있게 준비해야 한다. 한국외식업중앙회의 담당 직원을 통해 발급 절차를 진행하는 것도 한 방법이다.

소상공인시장진흥공단에서 '세액공제용 확인서 발급시스템'을 통해 '착한임대인' 세액공제용 확인서(구 소상공인확인서)를 발급하고 있는데, 공고상의 '신청 시 증빙서류'에 소상공인시장진흥공단에서 발급하는 확인서로도 증빙할 수 있게 하면 좀 더 간편하게 서류를 준비할 수 있을 것으로 판단되어 시민 의견으로 검토를 요청해 둔 상태이다.

고용장려금 지원사업은 검토 당시에는 2023년은 코로나19를 벗어났다고 판단해 지원금 신청이 그렇게 많지 않을 것으로 생각했다. 그런데 4월 3일에 지원사업 공고를 내고 그날부터 상시접수로 신청을 받았는데 6월 9일에 마감되었다. 실질적인 경기 불황과 소비심리 위축으로 매출에 타격을 입은 외식업주들이 신청을 많이 했고, 업체당 최대 10명까지 지원을 받다 보니 2개월 만에 예산이 모두 소진되어 버렸다. 그마저도 3개월의 고용유지 기간 이후에만 신청이 가능했기 때문에 1월과 2월 중에 종업원을 채용하고 고용보험에 가입한 경우에만 신청이 가능했다. 3월 9일 이후 채용한 경우에는 신청조차 할 수 없었다. 그러다 보니 4월에 공고를 본 후 종업원을 채용하여 3개월이 경과한 7월에 신청을 준비했던 소상공인들이 예산의 조기 소진으로 혜택을 거의 받지 못했다.

고용노동부에서는 고용창출장려금(일자리 함께하기, 신중년 적합직무 고용지원, 고용촉진장려금, 국내복귀기업지원), 고용안정장려금(정규직 전환지원, 일·가정 양립 환경개선 지원, 출산육아기 고용안정 지원, 워라밸일자리 장려금), 청년일자리도약장려금, 장애인신규고용장려금 등 다양한 지원사업을 추진하고 있는데, 대부분 제조업 등 기업체를 대상으로 하는 지원책이어서 기업형 외식업체를 제외한 외식업 소상공인들은 거의 해당이 안 된다.

사례 ❸ 고용주와 근로자 간의 법적 분쟁은 예방이 우선이다. 서초구 소재 ○○의류매장에 입사한 판매직 근로자 A씨가 입사 2일 만에 사업주와의 갈등으로 퇴사한 후 사업주를 근로계약서 미작성으로 노동청에 신고했는데, 사업주는 "근로자에게 관련 서류(이력서, 주민등록등본)를 받으면 근로계약서를 작성하려 했다"라며 노동청에 억울함을 호소했으나 면책 사유가 되지 않아 '기소의견'으로 서울중앙지검에 송치되었다. 결국, 입사 즉시 서면근로계약을 체결하지 않아 근로기준법 제17조 위반으로 벌금 30만 원이 부과되었다.

사례 ❹ 동대문 소재 ○○호프집에서는 17:00부터 01:00까지 일할 아르바이트생을 채용하면서 야간근로까지 감안하여 최저임금보다 650원 더 많게 시급을 책정하였으나, 아르바이트생이 퇴사 후 야간근로 가산수당을 지급받지 못했다고 주장하며 노동청에 진정서를 제출했다. 이는 근로계약서를 작성하면서 기본 시급과 야간근로수당을 명확히 구분하지 않아서 발생한 문제이다. 5인 이상 사업장의 경우 연장야간·휴일근무에 대한 가산수당을 지급해야 한다는 근로기준법 제 56조에 의거하여 야간근로 가산수당을 추가지급 하였다.(출처 : 부산고용노동청 '필수노동법' 교육자료)

사례 ❺ 울산의 한 튀김덮밥집 사장이 주방 직원으로 20대 아르바이트생을 고용했다가 이틀 만에 해고했다. 이에 아르바이트생은 노동위원회에 부당해고에 대해 구제를 신청했다. 사용자(사장)가 '서면근로계약서'를 작성하지 않았고, 해고 사유와 해고 시기를 '서면'으로 알리지 않는 등의 절차를 문제 삼았다. 사장은 "서면근로계약서를 바로 작성하지 않은 부분은 잘못되었지만, 종업원이 하루 일하고 안 나오는 경우가 수두룩하다"라며 현실의 어려움을 호소했다.

아르바이트생 측 노무사는 "노동위원회 판정이 통상 3개월 정도 소요되는데 석 달 치 임금 900만 원을 지급하게 될 수 있다"라며 합의를 제안하였고, 부당해고가 인정되면 정부의 청년고용지원금 제도를 이용할 수 없기 때문에 300만 원을 주기로 하고 합의했다. 지난해에도 한 아르바이트생이 식당 4곳을 돌며 합의금을 챙기기도 했다고 한다.

한 근로감독관은 "아르바이트생이 2시간 일하고 도망가거나, 근로계약서 작성을 고의로 피한 후에 근로계약서를 안 받았다고 하는 사례가 다수 발생하므로, 사용자는 직원을 채용하면 우선 서면근로계약서를 작성해서 분쟁 소지를 사전에 차단하는 것이 중요하다"라고 말한다.

서면근로계약을 체결하지 않거나 근로계약서가 부실하면 사업주는 여러 불이익을 받을 수 있다. 정규직은 500만 원 이하의 벌금이 부과되고, 기간제 및 단기간 근로자의 경우에는 근로계약서에 기재되는 항목당 위반 과태료를 부과하기 때문에 최대 240만 원의 과태료가 부과된다.

또 수당 내역과 휴게시간, 주휴 포함 여부를 명시하지 않았을 경우는 야간·시간외 수당을 지급해야 하고 휴게시간 만큼의 임금을 추가 지급해야 하며 주휴수당도 지급해야 한다. 또 수습 기간을 명시하지 않았을 경우 3개월의 수습 기간이 있더라도 그 기간은 최저임금보다 감액해서 임금을 지급할 수 없다.

서면근로계약서를 작성하는 방법은 직접 출력해서 교부하거나, 사진을 찍어서 카톡이나 문자로 전송하는 방법이 있다. 단기간 근로자라 하더라도 근로계약서에 계약 기간을 명시하는 것이 좋다. 기간을 정하지 않고 작성하면 직원을 해고하더라도 일방적인 해고로 여겨 법적 분쟁이 발생할 수 있다. 분쟁기간에 일을 하지 않아도 3개월분의 임금을 지급해야 하는 경우가 발생한다. 3개월 정도 계약 기간을 정해놓고 일을 잘 하면 기간을 연장하는 방법으로 단기간 근로자를 채용하는 것이 바람직하다.

▌기타 사례

앞의 예 이외에도 사업주와 직원 간에 자주 발생하는 분쟁은 최저임금과 주휴수당 등 각종 임금체불 관련 건이다. 노동청에서는 '서면'으로 근로계약만 체결해도 분쟁의 80%가 해결된다고 강조한다. 서면근로계약서에 수당 내역과 휴게시간, 주휴수당 포함 여부와 수습 기간 등을 반드시 명시해야 한다.

서면근로계약서에 포함되는 근로시간은 실제 일하는 시간과 사용자의 지휘 감독하에 있는 시간이며, 휴게시간을 제외한 시간을 말한다. 근로시간은 법정근로시간과 소정근로시간으로 구분되며, 일반 근로자의 법정근로시간은 1일 8시간, 1주 40시간(18세 미만 연소근로자는 1일 7시간, 1주 35시간)이다. 상시근로자 5인 이상 사업장의 경우에는 당사자가 합의하면 1주간에 12시간을 한도로 근로시간을 연장할 수 있으며, 연장근로제한 규정을 적용받지 않는 5인 미만 사업장은 당사자 간 합의 시 12시간 한도 이상으로 연장근로도 가능하다. 서면근로계약서에는 법정 근로시간의 범위 안에서 근로자와 사용자가 정한 소정근로시간을 명시해야 한다.

이때 법정근로시간을 초과하는 연장근로와 22:00~06:00 사이에 야간근로 하는 경우 50% 이상 가산수당이 적용된다. 또 법정 또는 약정 휴일에 근로의 경우 8시간 이내는 50% 이상 가산되고, 8시간을 초과 시 100% 이상 가산된다. 이는 상시근로자 5인 이상 사업장에 적용되며 5인 미만 사업장은 적용받지 않는다. 유급휴일은 주휴일과 근로자의 날(매년 5월 1일) 등이 모든 사업장에 적용되고, 관공서 휴무일(대체공휴일 포함)은 5인 이상 사업장에 적용한다.

주중인 목요일부터 그다음 주 목요일까지 근로하고 퇴직한 종업원에게는 주휴수당을 지급해야 하는가?

종업원이 1주(7일) 이상 근로하였고, 재직 기간 중 소정근로일을 개근하였으면 1일분의 주휴수당을 지급해야 한다. 한 업체에서 7일간 근무한 직원이 주중 입사하여 주중 퇴사하였다고 주휴수당을 지급하지 않았다가 근로감독관의 시정지시에 따라 주휴수당을 지급한 예가 있다. 하지만 월요일부터 금요일까지 근무한 경우는 지급하지 않아도 된다. 다만 금요일까지 일하고 월요일 퇴사 처리된 경우는 주휴수당을 지급해야 한다.

1일 8시간을 소정근무시간으로 근로 계약한 아르바이트생이 일찍 퇴근하거나 늦게 출근하는 경우라도 1주에 평균 30시간 정도 일을 하면 주휴수당은 8시간을 지급해야 한다. 근로계약서에 명시된 소정 근로시간을 기준으로 주휴수당을 지급하되, 지각이나 조기 퇴근에 대해서는 별도의 조치를 하는 것이 바람직하다. 주휴수당을 지급하지 않으면 3년 이하의 징역 또는 3천만 원 이하의 벌금에 해당한다.

단기간 근로자의 주휴수당 계산법

1주일에 20시간씩(시급 9,620원) 일하는 근로자가 한 주를 개근하였다면?
주휴수당 = (20시간/40시간) × 8시간 × 시급 = 38,480원

근로시간이 4시간인 경우에는 30분 이상, 8시간인 경우에는 1시간 이상의 휴게시간을 제공해야 한다. 휴게시간은 '근로자가 근로시간 도중에 사용자의 지휘명령에서 완전히 해방되고, 자유로운 이용이 보장된 시간'이다.(대법 2014다74254, 2017.12.5)

휴게시간은 근로시간에 포함되지 않고 임금도 지급되지 않으며, 일의 시작과 끝의 중간에 제공해야 하며 일하기 전후에 줄 수 없다. 휴게제도 본래의 취지를 벗어나지 않는 한 휴게시간을 분할하여 부여해도 무방하다. 이를 위반할 경우 2년 이하의 징역 또는 2천만 원 이하의 벌금형을 받는다.

건물 경비원이 '2년간 근로 후, 최저임금에 미달한 임금을 지급받았다'라며 노동청에 신고한 사례에는 근로계약서는 작성했지만 교대시간(07:00~익일 07:00)만 기재되어 있고 휴게시간이 기재되어 있지 않았다. 근로자는 24시간에 대한 전체 임금(약 1,600만 원)을 요구한 반면, 사업주는 개인 건물이라 평소에도 휴게시간이 많았다고 억울함을 호소하였으나 증빙자료가 없어서 결국 당사자 간 500만 원에 합의했다.

또 다른 예를 보면, 식대·교통비·상여금 등을 추가로 지급한다는 이유로 주휴수당을 지급하지 않았다가 퇴사한 아르바이트생에게 주휴수당을 추가로 지급해야 했다. 식대 등은 근로기준법상 지급의무가 없는 복리후생 성격의 금품이기 때문에 제공하지 않아도 되지만, 주휴수당은 법적 수당으로 반드시 지급해야 한다.

2024년도 최저임금은 9,860원으로 결정되었다. 월급(주 40시간, 주휴 포함)으로 환산하면 206만 740원이며, 연봉으로는 2,472만 8,880원이다. 각종 세금과 4대 보험을 공제하면 약 2,200만 원대를 수령할 것으로 보인다. 2024년부터는 정기상여금(명절상여금·휴가보너스 등)과 현금성 복리후생비(식대·교통비 등) 전액이 최저임금에 산입된다. 월급제 근로자는 기본급에 정기상여금과 고정 복리후생비를 모두 합친 액수가 최저임금 206만 원보다 적지 않으면 최저임금법 위반을 피할 수 있다. 최저임금법을 위반할 경우 당사자 간 합의에도 처벌을 면하기 어렵다. 나중에 미지급 금액을 지급해도 벌금형을 받는다.

최저임금법을 위반한 경우, 3년 이하의 징역 또는 2000만 원 이하의 벌금이 적용된다. 만약, 최저임금을 지급받지 못했다면 사업장 관할 노동청을 통해 권리구제를 요청할 수 있다. 최저임금에 미달하는 임금을 정한 근로계약은 그 부분에 한하여 무효로 보는데, 무효로 인정된 부분은 최저임금과 동일한 임금을 지급해야 한다.

고용노동부에서는 4대 기초노동질서 준수 확립을 위한 예방점검의 날을 전국적으로 운영하고 있다. 분기 단위로 1주간 음식점, 편의점, 소매업 등 10인 미만 영세사업체를 대상으로 실시하며, 근로감독관이 직접 현장을 방문하여 ① 서면근로계약 체결 ② 임금명세서 교부 ③ 최저임금 지급 ④ 임금체불 예방 등 기초 노동질서 준수 여부를 확인하고 노무관리를 지도한다.

이러한 4대 기초노동질서에 대한 현장 예방점검은, 취약 근로자의 권리를 구제하고 기본적인 노동권을 보호하는 한편, 고용주와 종업원 간의 법적 분쟁으로 인해 예상되는 시간적·금전적 손실을 예방하는 좋은 기회가 될 것이다.

◆ 청소년 주류판매의 이슈 체크

미성년자에게 주류를 판매하면 청소년보호법으로 형사처벌을 받으며 동시에 식품위생법으로 행정처분을 받게 된다는 것을 모르는 음식점 사장은 없을 것이다. 미성년자에게 주류를 판매한 것으로 인해 많은 외식업 사업주들이 곤욕을 치르는 일이 적지 않다. 다음 예들은 흔히 발생하는 사례이다.

- 위·변조된 신분증으로 성년이라 속이고 술을 마신 후 돈을 내지 않고 신고하는 경우
- 주류제공을 거부하는 업주에게 보복하기 위해 신분증 검사 후에 성년 중에 미성년자를 몰래 합석시키는 행위
- 친했던 단골손님이 신분증을 위조한 고등학생이었을 경우
- 바쁜 틈을 타서 친구들과 몰래 들어온 일행이 친구들도 모르는 학교를 한 해 일찍 들어간 '빠른년생'이라는 등

청소년들의 감쪽같은 거짓말로 음식점 사장들이 곤욕을 치르는 경우가 비일비재하다.

2019년 6월 12일부터 청소년이 신분증을 위조하거나 도용·협박·폭행 등을 통해 식품접객영업자의 법 위반행위의 원인을 제공한 것이 인정된 경우에는 행정처분을 면제해 주는 식품위생법 개정법률이 시행되었다. 단, 미성년자의 신분증을 철저히 확인한 것이 인정되어야 한다. 따라서 고의성 여부를 밝힐 증거자료를 확보하는 것이 중요하다. 이를 위해 음식점 내부에 CCTV를 설치해 놓는 것은 기본이며 문제 발생 시 휴대전화로 상황을 녹음하거나 영상 촬영으로 증거자료를 확보해야 한다. 만약 증거를 기록할 여유가 없다면 제3자의 진술이라도 확보해야 한다. 종업원보다는 현장에 있던 손님의 진술이 중요하다.

요즘은 사장 혼자나 종업원과 둘이 운영하는 외식업소가 많아, 손님이 한꺼번에 몰려들거나 흡연을 위해 나갔다 오는 손님 모두를 확

인하기란 거의 불가능하다. 이런 연유로 손님이 성년인지 확인하려면 모든 손님의 신분증을 검사해야 한다. 종업원이 손님이 제시하는 가짜 신분증을 보고 성년으로 오인해 술을 제공할 경우 청소년보호법 위반으로 처벌을 받을 수 있는데, 이때 확인 절차를 잘 지키면 불기소나 불송치 결정이 내려질 수 있다. 하지만 사업주는 형사처벌을 받지 않는 대신 식품위생법으로 영업정지 처분을 받을 수 있다.

　청소년이 술을 주문하고 계산까지 했더라도 술이 실제로 제공되지 않았다면 청소년에게 주류를 판매한 것으로 볼 수 없다. 청소년에게 주류를 판매했다는 것은 '술을 유상으로 제공했다'라는 것을 말하며, 이때 '제공했다'라는 것은 청소년이 실제로 '술을 마시거나 마실 수 있는 상태'를 말한다. 술이 제공되지 않아서 술을 마실 수 있는 상태가 아니라면 주류 제공행위가 성립하지 않는다는 판례가 있다.

　음식과 술을 주문하고 선결제를 했더라도 그 일행 중에 나이가 어려 보이는 손님이 있다면 다시 한번 신분증을 확인하고 청소년일 경우 술 주문은 취소해야 한다. 성인들이 술을 마시고 있는 자리에 나중에 합석한 청소년에게 잔을 제공한 것은 청소년에 대한 주류판매에 해당하지 않는다. 술을 주문한 성인에게 업주가 술을 제공함과 동시에 그 술에 대한 소유권과 점유가 해당 성인에게 있기 때문이다. 청소년에 대한 주류 판매가 성립하려면 처음부터 일행 중에 청소년이 포함되어 있고 업주가 이를 알면서 술을 제공해야 한다. 만일 처음 술을 제공할 당시에는 성인들만 앉아 있었는데 나중에 청소년이 들어와서 합석한 경우라면 사업주에게 법적 책임은 발생하지 않는다.

◆ 부정적 소문 확산과 금전적 손해를 입을 수 있는 '부당해고'

22년 업력의 중국식 음식점에서 있었던 일이다. 종업원 대부분이 함께 근무한 지 10여 년이 넘다 보니 사장이 없을 때는 종업원이 주인처럼 행동했다. 사장한테도 함부로 하는 경우도 있지만 모두가 가족이라고 생각하며 잘 지냈다. 문제는 고참들의 신입에 대한 태도였다. 그들은 새로 들어온 종업원의 업무가 미숙하거나 실수를 할 때면 일일이 지적하고 간섭했다.

근무를 시작한 지 1년 넘은 종업원이 식당 사장에게 면담을 요청했다. 식당 일이 체질에 잘 맞아 즐겁게 일하고 있는데, 사장이 자리를 비울 때면 22년 된 종업원이 자기를 무시하고 사사건건 간섭해서 근무하기가 어렵다는 것이었다.

그 종업원은 1년 동안 성실하고 착실하게 근무했다. 식당 일을 하면서 고객의 갑작스러운 심장 발작에 대비할 필요가 있다며 심폐소생술 자격증을 취득할 정도로 식당 일에 열정이 있었다.

그 종업원은 근무기간은 짧지만 진심으로 근무하는 자신을 선택할 것인지, 오래 근무했다고 사장 행세하는 고참을 선택할 것인지 결정해달라는 것이었다. 사장은 종업원들 간에 갈등이 있다는 것을 짐작하고 있었다. 사장은 두 사람 모두 일을 잘해주고 있으니 계속 같이 있어 달라며 설득했다. 결국 그 종업원은 자기가 그만두겠다고 하며 나가버렸다.

그 종업원은 나가면서 관할 고용노동부 노동청에 부당해고로 신고했다. 사장이 두 번이나 조사를 받았다. 법원에 해고 무효 소를 제기해 사건이 검찰로 넘어간 상태에서 사장이 합의를 요청했으나 그는 응하지 않았다. 결국 고참종업원이 소를 제기한 종업원의 음식비 착복 등 6개월간의 행적을 A4용지 5장으로 적어 노동청에 제출하고 나서야 부당해고가 아닌 것으로 마무리 되었다. 사장은 소를 제기한 종업원이 괘씸했지만, 사건이 마무리된 후에 합의금이나 손해배상이 아닌 별도의 위로금을 주며 그 종업원과 화해했다. 이로 인해 종업원들 간의 갈등이 해소되고 악덕 업주가 아닌 마음씨 고운 고용주로 남게 되었지만, 그동안의 심적 물적 고통은 말할 수 없었다.

종업원이 일을 그만둘 때는 더욱 세심한 배려가 필요하다. 해고할 때는 정당한 사유가 있어야 하고, 해고 사유를 서면이 아닌 구두로 하거나 e-메일, 혹은 휴대폰 문자메시지로 통보하면 해고의 효력이 없다. 상시근로자가 5인 이상일 경우에는 사업장 관할 지방노동위원회로 부당해고에 대한 행정구제를 신청해서 구제를 받을 수 있다. 5인 미만 사업장의 경우는 근로기준법의 적용 예외규정이 있어 일부 조항은 적용받지 않는다. 해고와 관련된 조항은 '해고 등의 제한'과 '경영상 이유에 의한 해고의 제한', '해고 사유 등의 서면통지', '부당해고 등의 구제신청'이 이에 해당한다. 상시근로자가 5인 미만 사업장일 경우에는 부당해고 구제신청이 배제되어 있어 다소 극단적인 표현이지만 정당한 이유가 없어도 해고할 수 있다. 그런 경우 부당해고를 당한 종업원이 노동위원회의 구제절차를 받을 수 없다.

해고 시에 주의해야 할 점은 '해고의 예고' 조항이다. 근로자를 해고하려면 적어도 30일 전에 예고해야 하고, 30일 전에 예고하지 않았을 경우 30일분의 통상임금을 지급해야 한다.

구제신청이 배제된 5인 미만의 사업장이라 하더라도 앞의 사례에서 보듯, 종업원이 법원에 해고 무효의 소를 제기하며 임금 상당액을 청구하는 소를 병합하여 제기하면, 해고 무효와 동시에 정상 상태라면 지급받을 수 있는 임금상당액을 체불임금으로 청구하여 받을 수 있다.

◆ 음식에 이물질이 나올 때는 현장에서 마무리

맛집으로 소문이 나서 점심시간에는 자리가 없는 식당이었다. 바쁜 시간에 손님이 "이모"하고 서빙하는 종업원을 불렀다. 불러서 가보니 음식에 바퀴벌레가 나왔다는 것이었다. 때마침 주인이 자리를 비운 터라 즉각 대응을 못 했다. "사장 나오라고 해", "책임자 나오라고 해" 하는 손님의 목소리가 점점 커졌다.

식당 책임자인 주방 실장은 음식 만드는 소음 때문에 처음에는 "실장님, 나와 보세요"라고 부르는 소리를 듣지 못했다. 두 번 불렀을 때 주방 실장은 "바빠 죽겠는데, 무슨 일이야?" 하고 한마디 내뱉었는데, 손님이 이 소리를 듣고, "이 사람들이 말이야. 바퀴벌레가 나왔는데, 바빠 죽겠다고…"라며 큰 소리로 말했다. 이미 화가 날 대로 난 손님은 곧바로 구청 보건위생과에 신고했고 결국 식당은 영업정지 20일 처분을 받았다.

영업정지 20일에 더해 전년도 매출액을 환산한 과태료가 부과되었다. 바퀴벌레가 나왔다는 소문이 삽시간에 인터넷 블로그 리뷰를 타고 번져서 손님마저 발길을 끊었고, 설상가상으로 사장으로부터 "좀 잘하지"라는 핀잔을 들은 주방 실장마저 식당을 그만두는 바람에 사장은 금전적 손해와 함께 비위생적이며 몰상식한 음식점 사장으로 낙인찍히게 되었다.

손님을 화나게 하는 첫 번째 원인은 손님과 제일 먼저 접하는 종업원의 태도이다. 손님과 처음 맞닿는 종업원이 진정 어린 마음으로 사과하지 않고 책임자에게 떠넘겨버리거나, 다른 종업원의 책임으로 돌리면 문제는 커지기 마련이다. 음식에 이물질이 나올 경우, 현장에서 즉각 대처하는 요령을 종업원들에게 교육하여 체득했더라면, 민원신고까지 가지 않고 현장에서 해결할 수 있었을 것이다. 안타깝고 아쉬움이 남는 사례다. 불만고객에 대한 대처방법은 '고객불만처리매뉴얼'에서 자세히 다루었다.

현대그룹을 글로벌 기업으로 만든 고 정주영 명예회장의 유명한
예화 중에 '빈대의 교훈'이 있다. 정 명예회장이 인천 부둣가에서 하
역부로 일할 때 있었던 실화이다. 노동자 합숙소에 빈대가 너무 많아
잠을 제대로 잘 수 없었다. 하는 수 없이 빈대가 올라오지 못하는 밥
상 위에서 잠을 잤다. 새벽이 되자 극성스러운 빈대들이 밥상 다리를
타고 올라와 일꾼들의 피를 빨았다.

정 회장은 다른 방법을 강구했다. 물이 담긴 대야에 밥상의 네 다
리를 담가 놓으면 빈대들이 밥상 다리를 타고 오르다 모두 물에 빠져
죽을 것으로 생각했다. 첫날은 성공이었다. 빈대들이 접근을 못했다.
이튿날이 되자 빈대들의 맹렬한 공격이 다시 시작됐다.

밤중에 불을 켜고 빈대들의 동향을 살피던 정 회장은 깜짝 놀랐
다. 빈대들이 벽을 타고 천장에 올라간 다음 사람들을 목표로 공중
낙하를 하고 있었던 것이다. 소름이 오싹 끼치도록 무서운 생명력이
었다. 이때 정 회장은 "미물인 빈대들도 생존을 위해 저렇게 필사적
이구나. 사람도 빈대처럼 끈질기게 노력하면 얼마든지 성공할 수 있
다"는 중요한 진리를 깨달았다.

어떤 도전이든 희망을 갖고 끈질기게 노력하면 극복하지 못할 게 없다는 것이 정 회장의 지론이다. 이렇듯 성공은 끊임없는 노력과 도전으로 이루어진다. 다른 업종보다 경쟁이 치열하고 환경의 영향을 많이 받는 업종이 외식업이다. 외식업은 뜨거운 열정과 끊임없는 노력을 필요로 한다. 나는 이 책이 외식업주의 헌신적인 노력과 불타는 열정을 되살릴 수 있는 성공의 로드맵이 될 것으로 믿는다.

나는 우리나라의 외식업 정책에 걸림돌이 있으면 들어내고 수렁이 있으면 다리를 놓아 외식업주들이 목적을 달성하는 데 하나의 밀알이 되고자 한다. 부디 여러분들이 이 책에서 배운 지식과 전략을 토대로 자신의 업소를 성공적으로 이끌기를 기원한다.

참고문헌

· 《Handicap Marketing》 강시철·김대규·김승현·이용규, 지식공감, 2014.
· 《외식업 컨설팅 3.0》, 조현구·김삼희, 지식공감, 2016.
· 《장사란 무엇인가》, 조현구·엄은숙·심재용, 청림출판, 2014.
· 《저성장의 시대, 어떻게 돌파할 것인가》, 김현철, 다산북스, 2015.
· 《트렌드 코리아 2016》, 김난도·이준영·전미영·이향은·김서영·최지혜,
  미래의 창, 2015.
· 《트렌드 코리아 2022》, 김난도·전미영·최지혜·이향은·이준영 외 6명,
  미래의 창, 2021.
· 《펭귄》, 빌 비숍, 박선령 옮김, 비전과 리더십, 2011.
· 《흥하는 창업 망하는 창업》, 조현구, i-ePUB, 2011.

맛있는 외식경영 레벨 UP

초판 1쇄 2023년 11월 1일

지은이 이승환
발행인 김재홍
교정/교열 김혜린
디자인 박효은
마케팅 이연실

발행처 도서출판지식공감
등록번호 제2019-000164호
주소 서울특별시 영등포구 경인로82길 3-4 센터플러스 1117호 (문래동1가)
전화 02-3141-2700
팩스 02-322-3089
홈페이지 www.bookdaum.com
이메일 jisikwon@naver.com

가격 20,000원
ISBN 979-11-5622-834-9 03320